GUÉRIR

Jean BOULANGER, m. a.

GUÉRIR...
pour une vie nouvelle

Essai de synthèse

PRÉFACE
du Père Philippe VERHAEGEN, o. s. b.

4e édition, mise à jour

Éditions SAINT-PAUL, 1998

3, rue de la Porte de Buc – BP 652
78006 VERSAILLES Cedex
ISBN 2 85049 766 5

PRÉFACE

Cet ouvrage répond à un besoin dans le monde d'aujourd'hui : établir un lien entre la psychologie et la Foi. Nous vivons dans une société où l'on a mis Dieu à la porte. Les hommes pensent qu'ils peuvent tout arranger eux-mêmes. Or nous constatons que ce n'est pas vrai, il suffit d'ouvrir les yeux pour se rendre compte de la dérive de notre société qui a perdu ses points de repère.

Il n'y a jamais eu tant de psychologues ; s'ils arrivent à déceler jusque dans le subconscient les causes de nos déviations et de nos perversions, ils n'arrivent pas, ou très difficilement, à redonner aux hommes et aux femmes un sens à leur vie ainsi que la joie de vivre.

L'auteur de cet ouvrage établit un lien entre l'anthropologie biblique et les sciences humaines. L'homme, a dit un philosophe, est un animal religieux. Tout homme en effet est spirituel. On ne peut donc pas se contenter de la science psychologique, il faut aller plus loin et rejoindre en l'homme ce lieu, cet espace mystérieux, qui fait que nous sommes corps, âme et esprit.

Pour l'auteur, l'homme est finalement une créature de Dieu, il a été fait à l'image et à la ressemblance de Dieu.

Toute la pédagogie du Père Jean Boulanger consistera à utiliser les connaissances humaines en symbiose avec les valeurs spirituelles.

Cet ouvrage n'est pas seulement un essai de synthèse. Il est aussi et surtout le fruit d'une longue expérience. En effet, le ministère psycho-spirituel de l'auteur s'est exercé dans différentes parties du monde. On peut dire que le Père Jean n'est pas un théoricien, mais un homme de terrain.

Cet ouvrage sera certainement utile à beaucoup de personnes qui ont le souci de venir en aide à tant de blessés par la vie, à tant de déprimés, à tant de désespérés engendrés par notre monde qui a perdu ses vraies racines.

Monastère Saint André à Clerlande,
Louvain – la – Neuve

le 8 décembre 1997.
Père Philippe VERHAEGEN, o. s. b.

INTRODUCTION

Vie nouvelle… Choix neuf

« LA SAINTETÉ EST UNE SANTÉ TOTALE. » dit George T. Montague[1]. Saint Irénée de Lyon affirmait, quant à lui, que « LA GLOIRE DE DIEU, C'EST UN HOMME VIVANT. »

À la question : *« Comment sommes-nous constitués ? »*, très souvent la réponse habituelle est : *« Nous sommes composés d'un corps et d'une âme »*.

Cela me rappelle un chant de mon enfance : *« Je n'ai qu'une âme qu'il faut sauver ! »* Nous chantions cela de tout notre cœur, ignorant bien sûr d'où provenait cette conception binaire de l'être humain.

Aujourd'hui, nous savons que nous avons hérité des philosophes grecs cette vision de l'homme en deux parties : la partie extérieure et la partie intérieure.

Il y a apparemment deux mondes :

- *le monde matériel* : tout ce qu'on peut voir et toucher.

---

1. *Chevauchant le vent,* Pneumathèque, 1979.

– *le monde spirituel*: pensées, sentiments, volonté, intelligence et tout ce qui se rapporte au divin.

À l'école de son maître Platon, Aristote disait que l'homme est composé d'un corps, d'une âme – il entendait par ce terme le principe de la vie animale de l'homme – et de l'intelligence qu'il nommait « *nôus* ».

La prière finale de saint Paul, dans sa première lettre aux **Thessaloniciens 5, 23,** nous paraît être plus qu'une conclusion liturgique ou simplement polie. Elle parle à chaque chrétien de la formation de l'être tout entier. Paul écrit : « *Que Dieu lui-même, l'auteur de la paix, vous sanctifie* ***tout entier*** *et qu'Il garde sans tache tout votre être,* ***esprit, âme et corps*** *pour le jour où viendra notre Seigneur Jésus-Christ* ».

Le chrétien est un être à trois dimensions, un être trinitaire et il ne peut se sentir comblé, heureux et équilibré que s'il laisse le pouvoir sanctifiant du Seigneur le toucher jusque dans les plus petites parcelles de son être : **corps, âme et esprit.**

Pour aider le lecteur à bien comprendre ce qu'est le cheminement de la guérison intérieure, je m'inspire en premier lieu, abondamment, des nombreux documents qui ont été publiés sur ce sujet, mais qui, souvent, n'abordaient chacun qu'un aspect particulier de la question. J'ai puisé également dans quelques conférences données ici et là par des spécialistes en exégèse ou en psychologie. Enfin, mon ministère de dix-sept années d'accueil psycho-spirituel et de délivrance m'a permis d'acquérir une certaine expérience en la matière. Je la transmets tout simplement à tous ceux et celles qui veulent se laisser guérir afin de pouvoir un jour devenir, à leur tour, instruments de guérison entre les mains du Seigneur.

J'emploie les mots de l'anthropologie biblique, mais sachons que ces mêmes mots peuvent être employés par d'autres dans des sens différents ; âme, esprit, cœur.

La bibliographie en fin du livre indiquera tous les ouvrages que j'ai consultés et les cassettes-audio dont je me suis inspiré pour rédiger cette petite synthèse sur ce sujet souvent très mal compris qu'est la **guérison de l'être tout entier.**

I

COMMENT SOMMES-NOUS CONSTITUÉS ?

Un dicton populaire dit avec sagesse : « *Quand ça ne va plus, il faut lire les instructions* ». Que dit le « Grand Constructeur », le Créateur de tout l'Univers visible et invisible au sujet de l'homme ? Ouvrons la *Bible.*

Mettons en place des concepts dont nous allons avoir besoin plus tard dans notre regard sur l'anthropologie biblique. Essayons de voir comment l'homme est constitué, quelle est la structuration interne de l'être humain.

Dans l'Ancien Testament

LIVRE DE LA GENÈSE : 1, 11-24 :

« *Dieu dit alors : que la terre se couvre de verdure : des plantes produisant leur semence et des arbres fruitiers dont chaque espèce porte ses propres graines ! Et cela se réalisa...* »

Dieu crée, rend les choses possibles, puis donne l'ordre à l'eau et à la terre de produire ce qu'Il a rendu capable de se réaliser.

GENÈSE : 1, 26-27 : « Dieu dit enfin : faisons les êtres humains : qu'ils nous ressemblent vraiment ! Dieu créa les êtres humains à sa propre ressemblance ; il les créa homme et femme. »

Dans ce premier livre deux points importants sont soulignés :

a. L'aspect « image » : l'homme créé à l'image de Dieu.
b. L'aspect « complémentarité » : homme et femme.

Dieu n'a pas commandé à la terre de produire les êtres humains, Il les a créés Lui-même !

Ici, nous voyons un Dieu qui crée en séparant, et cela dure six jours. Son œuvre culmine dans la création de l'homme qui apparaît ainsi comme le point d'aboutissement, la finalité de toute la création. Dieu exprime au sommet de la création LE BUT POUR LEQUEL IL A CRÉÉ : C'EST POUR QUE L'HOMME PUISSE ÊTRE PRÊTRE, PROPHÈTE ET ROI DE L'UNIVERS ENTIER.

L'homme, créé à l'image de Dieu, est capable de nouer des RELATIONS PERSONNELLES D'AMOUR. L'amour est cette relation tout-à-fait particulière entre deux êtres personnels qui décident librement et conjointement de se donner l'un à l'autre, de quitter la sécurité de l'individu pour oser le risque, l'aventure du **don de soi.**

Comment donc tout cela se structure-t-il à l'intérieur de l'homme ?

Là, nous nous référons à un second récit de la Création.

LIVRE DE LA GENÈSE : 2, 1-7 :

*« Le Seigneur prit de la poussière du sol et en façonna un être humain. Puis Il lui insuffla dans les narines le souffle de vie, et cet homme devint un **être vivant.** »*

C'est le second récit de la Création, il est, en fait, le plus ancien. Il remonte au texte de celui qu'on appelle l'auteur Yahviste, même si actuellement il y a encore des révisions sur cette distribution entre les différents auteurs.

Ce Yahviste écrit à la cour de David un discours très anthropomorphique mais riche d'une symbolique affective.

Ce second récit va offrir la même finalité que le premier mais par un autre procédé littéraire : Dieu va d'abord créer l'homme et va ensuite se demander ce qu'Il doit placer autour de l'homme pour que ce dernier soit heureux.

Nous sentons bien que, malgré la contradiction apparente – dans un récit l'homme apparaît au terme de la Création et dans l'autre au début –, *l'intentionnalité* est la même : il est dit que L'HOMME EST AU SOMMET DE LA CRÉATION.

Dans ce second récit donc, l'homme est créé au début : comment Dieu crée-t-Il ? « *Dieu modela l'homme avec la glaise du sol et Il insuffla dans ses narines une haleine de vie et l'homme devint un être vivant.* »

L'expression que nous retenons et que nous analysons est « *la glaise du sol* ». En hébreu cela se dit *ADAMA,* d'où le mot français Adam. C'est tout simplement un nom qui rappelle la matière dont l'être est constitué : **limon – glaise du sol – argile – *adama*.**

C'est un limon de qualité particulière qu'on allait chercher dans la vallée du Jourdain et que les potiers recherchaient pour réaliser leurs belles poteries. Nous sommes faits de cette glaise du sol et André Chouraqui, auteur d'une *Bible* en français traduite littéralement de l'hébreu, n'hésite pas à rendre le mot Adama par « **le glébeux, le terreux** ».

C'est la dimension physique. Notre corps se dit *BASHAR* en hébreu.

Nous sommes en communion avec le cosmos matériel à travers notre corps, à travers notre « bashar ». Sous la plume de saint Paul, qui écrit en langue grecque, le corps sera traduit par *SÔMA*. L'homme est constitué d'un corps, la matérialité, d'où l'importance de cet enracinement physique de l'homme dans l'univers.

Et Dieu va souffler dans ses narines une HALEINE DE VIE et l'homme devint un être vivant. L'être vivant, en hébreu, se dit la *NEPHESH HAYA*. « Néphesh » pourrait s'appeler « l'**âme** », la *psychè* ; psychologie et psychisme ont la même racine.

La « psyché » désigne l'ensemble des facultés psychologiques, c'est-à-dire l'imagination, la mémoire, l'affectivité, l'intelligence, la volonté. Il est clair que les facultés les plus spirituelles sont l'intelligence et la volonté.

C'est donc cela la « Nephesh ». L'animal a une « néphesh ». La Bible parle de la *néphesh* de tout être vivant : volonté animale, non réflexive, mais volonté malgré tout même si elle est instinctive.

Ce qui est caractéristique de l'homme, c'est qu'il a une « *néphesh haya* » : une **âme vivante.** Vivante de la vie même de Dieu, du souffle que Dieu vient de souffler dans ce limon. On ne souffle pas dans un être qui n'est pas capable d'accueillir ce souffle. Le geste que Dieu pose en soufflant dans l'être qu'Il vient de façonner est le même que pose la mère juive à l'accouchement de l'enfant : elle souffle dans les narines du bébé pour dégager les glaires afin qu'il puisse respirer d'une façon autonome.

C'est une très belle image pour dire l'**intimité de Dieu** et de cette créature qu'Il est occupé à poser dans l'autonomie de l'être.

Dieu souffle dans ses narines. Ce qui suppose que, derrière celles-ci, il y a des poumons capables de recevoir ce Souffle, sinon Il ne perdrait pas son temps à souffler.

Autrement dit, l'homme est constitué d'un **corps,** en hébreu ***bashar,*** et d'une **âme,** en hébreu ***néphesh.***

Mais, en plus de tout cela, il y a chez l'homme une mystérieuse capacité D'ACCUEILLIR LE SOUFFLE DE DIEU ! En d'autres termes, *l'homme a des poumons pour « respirer Dieu » !* C'est ce que saint Augustin appellera *homo capax Dei,* l'homme est capable de Dieu.

L'homme fait partie du cosmos ; il a une certaine autonomie dans l'être comme les animaux, une « *nephesh* », mais il possède également **une autre dimension,** c'est la capacité qu'il a en lui de recevoir le **souffle de Dieu.**

Ce souffle de vie donné par le Seigneur (en hébreu : ***ruah,*** en grec : ***pneuma)*** est le don le plus direct de Dieu et ce souffle rend l'homme le plus semblable à Lui.

C'est une autre façon de dire que Dieu m'a créé à sa propre image, à sa propre ressemblance. Contrairement à l'animal (avec qui je partage la vie animale), je suis semblable à Dieu parce que le « Pneuma », l'esprit, le SOUFFLE, le *RUAH* du Seigneur est entré en moi. Il est aussi intime à moi-même que la vie elle-même. C'est un souffle intérieur par lequel je respire l'air du monde divin.

Le ***pneuma*** est mon moi parce que né d'en haut et tourné vers le haut. Il est l'ouverture à ma propre transcendance, au mouvement qui me mène sans cesse au-delà du point où je suis. Puisque la définition littérale de « pneuma » est vent, respiration et souffle, sa vraie signification est MOUVEMENT !

C'est donc aussi ma capacité à être mû par le pouvoir de Dieu. Cet élan m'est donné pour m'étendre bien au-delà de ce que j'ai déjà atteint.

Ce souffle qui reposait sur les eaux primordiales devient en l'homme *participation à la vie divine.* C'est là le mystère de l'être humain. L'animal, lui, n'a rien de mystérieux. Il est problématique, mais, quand on a fini de l'étudier, on connaît sa constitution.

L'homme est mystérieux puisqu'il a dans son cœur une dimension qui est ouverte à la transcendance, c'est-à-dire qui est au-delà de la nature : ***il est ouvert sur Dieu.*** L'homme est comme une capacité tournée vers Dieu et créée **pour accueillir Dieu.** Prenons l'image d'une coupe que Dieu désire remplir. Il ne le fera pas sans l'accord de celle-ci.

L'homme est capable de respirer de la vie même de Dieu, d'entrer dans cette dynamique de filiation, de connaître Dieu de l'intérieur, de vivre Sa vie. Remarquons que l'homme n'est pleinement homme que dans cet état-là : LORSQU'IL RESPIRE DIEU ! C'est la « spiration », la respiration à l'intérieur même de Dieu. Telle est notre vocation : nous sommes tous appelés à entrer dans cette « spiration », à respirer Dieu !

J'ai une capacité d'ouverture à un bien infini. Et ceci n'est pas une abstraction, mais une réalité de mon être. J'ai un sens spirituel qui me met en relation avec le monde divin. Il s'agit d'une sorte de « radar » qui me met en communication avec tout le monde invisible.

Cette IMAGE MATERNELLE de Dieu doit être complétée par l'image PATERNELLE des mains de Dieu. Dieu modèle l'homme avec la glaise du sol.

Si vous avez vu un potier, mieux encore si vous avez vous-même pratiqué la poterie, vous aurez fait cette expérience, j'allais dire *existentielle.* En effet, c'est quelque chose d'assez émouvant de tenir cette glaise humide et de sentir que, quand vous ouvrez les mains, la terre s'ouvre et se transforme, elle prend forme ; et si vous fermez les mains, vous sentez que tout se rétrécit. Vous suivez et subissez le même mouvement : il y a une expérience existentielle qui semble venir des entrailles, on est pris tout entier dans le mouvement. Ce n'est pas pour rien que, dans certaines démarches de guérison intérieure, on propose, comme exercice pratique, le tour du potier. C'est une expérience très riche, on a l'impression de vivre intérieurement ce qui se passe.

Ce qui me paraît émouvant dans cette expérience, c'est de sentir que si je lâche les mains, tout s'effondre : il y a une communion, une intensité de communion entre le potier et son vase, entre les mains et la glaise, mais aussi, à travers les mains, entre le vase et tout mon être. C'est tout l'être qui suit le vase.

Cette image ne peut me laisser indifférent : penser que Dieu me tient entre Ses mains, et qu'au fur et à mesure qu'Il ouvre ou ferme Ses mains, Il me façonne et me fait vivre ! **C'est émouvant** ! Nous sommes dans les mains de Dieu et s'il y avait un seul moment où Il lâchait ses mains paternelles, protectrices et aimantes, nous tomberions dans le néant !

Il s'agit d'une autre façon de dire la création, l'intimité du Créateur et de sa créature, en soulignant ce LIEN DE DÉPENDANCE que nous voyons toujours comme quelque chose d'aliénant mais où nous oublions trop vite qu'il est RÉCIPROQUE. Dieu a voulu nous créer et Il nous crée d'une telle façon que son acte créateur n'est pas une « *chiquenaude initiale* », qui continue toute seule, comme disait Pascal ! Non ! L'acte créateur de Dieu est un **acte de création continue** : c'est un acte éternel.

L'éternité de Dieu n'est pas la somme de tous les instants du temps, mais c'est une saisie DANS UN SEUL INSTANT de toute l'Histoire passée, présente et à venir. Dieu crée c'est-à-dire qu'**Il aime** d'une pensée d'Amour efficace et créatrice.

Le problème avec Dieu, c'est qu'Il est simple et que nous Le pensons à travers notre psychologie compliquée ! Plus nous simplifions les choses, plus nous sommes près de Dieu. Dieu est parfaitement simple. Son intelligence s'identifie parfaitement à Sa volonté. Ce qu'Il pense, automatiquement Il le veut. Sa pensée est efficace et créatrice. Et Sa pensée créatrice est une **volonté d'Amour** qui pose dans l'être ce qu'Il veut.

Je suis ainsi façonné parce que Dieu me veut sans cesse, parce qu'Il me pense sans cesse d'une pensée d'Amour. Il est têtu, Il m'aime et Il a décidé de m'aimer sans cesse ! Et comme Il n'a pas d'états d'âme qui changent tout le temps, et comme Il est dans une éternité inamovible, Il m'aime éternellement !

Dieu a une **pensée** qui est **un cœur** et non **pas une cervelle** et Il veut par Amour me rendre participant de Sa vie. Je repose dans les mains toutes puissantes de Dieu, qu'aurais-je à craindre ? C'est l'aspect paternel de Dieu.

Je découvre l'aspect maternel de Dieu dans la seconde parole de la Bible : *Dieu « BARA »,* Dieu enfanta, Dieu créa.

Dieu enfante le monde, il enfante l'homme. Mais en même temps la Bible corrige et dit que l'homme n'est pas de la même nature que Dieu comme l'enfant est de la même nature que sa maman. Ce mot « *bara* » révèle toute la tendresse de Dieu.

D'ailleurs, il ne faut pas ignorer que, en hébreu, le mot *miséricorde* et le mot *entrailles maternelles* ont la même racine : *REHENIM* = entrailles et *RAHAM* = miséricorde. Quand Dieu nous fait miséricorde, Il nous reprend dans ses entrailles maternelles. Il nous ré-enfante à la vie.

Nous voyons par là combien ce texte est fondamental pour une conception juste de l'homme.

Qu'avons-nous appris à travers cette courte analyse ?

D'après *l'Ancien Testament*, voilà donc comment les êtres humains fonctionnent :

- l'esprit humain doit être en communion avec Dieu,
- cet esprit doit inspirer l'âme ou la *psychè,*
- enfin l'âme doit diriger le corps.

Voilà le pont entre le monde spirituel et la terre physique.

Dieu voulait une créature qui soit adaptée à la vie terrestre mais en même temps qui soit en communion avec Lui dans l'Esprit.

L'homme est un agent libre qui devait être le représentant de Dieu sur la terre avec pouvoir et autorité pour dominer sur la terre, en prendre soin, s'occuper des autres créatures et faire de la terre un endroit beau et merveilleux (**Gen. 1, 26-28 ; 2, 15**).

Les êtres humains ont donc été créés par Dieu pour jouir de la beauté de la terre et des plaisirs de la vie physique sur cette terre, et, en même temps, pour jouir de Dieu et des gloires de Son Royaume céleste.

L'homme, parce que créé à Son image, peut (ou devrait pouvoir) penser, parler et agir **comme Dieu.** Il est créé à l'image de Dieu pour vivre dans un ÉTAT D'HARMONIE sa relation avec son Créateur et la création. À l'origine, l'homme est en harmonie avec les autres et avec lui-même. Il n'a pas de problème d'identité, il n'a pas de problème de sens de son existence, il n'a pas de problème de finalité : les choses sont claires !

Seulement, il y a eu cet ACCIDENT DE PARCOURS : le « péché d'origine » qui entraîne une rupture dans la relation de l'homme avec Dieu, une désorganisation de tout cet ensemble cohérent qu'on vient de décrire. L'homme est donc coupé de cette source créatrice qui est en permanence vivifiante et il va vers sa destruction. Nous en reparlerons dans les chapitres suivants.

Dans le Nouveau Testament

Voici la prière finale de Paul dans sa lettre aux chrétiens de Thessalonique (**I Th. 5, 23**) : *« Que Dieu lui-même, l'auteur de la paix, vous sanctifie* ***tout entier*** *et que* ***tout*** *votre être,* ***esprit, âme et corps,*** *soit gardé sans tache pour la venue de Notre Seigneur Jésus-Christ ».*

Cette finale me parle donc, et parle à chaque chrétien, de la formation de l'être tout entier. Elle me dit également que je suis un être à trois dimensions. Je ne me comprends comme un tout que lorsque je laisse le pouvoir du Seigneur toucher les plus petites parcelles de mon être c'est-à-dire mon corps, mon *psychè* et mon esprit.

C'est une nouvelle habitude de me regarder ainsi. Paul a façonné sa pensée à partir de la vision de l'homme que nous venons de voir décrite dans la Genèse. Il me dit que je suis une « *trinité en moi-même* », mais pas à la façon d'Aristote qui, reprenant les catégories de son maître Platon, disait que l'homme est composé d'un corps, d'une âme comme principe de vie animale et d'une intelligence. Pour saint Paul, je **n'ai pas,** mais **je suis** corps, âme et esprit.

Petite conclusion

Qu'est-ce que cela veut dire pour moi ?

1. Corps :

Je suis corps, *sôma, bashar,* corps mortel mais animé, par lequel je suis en relation avec ce qu'il y a autour de moi. J'expérimente d'abord mon corps comme une limite, j'expérimente dans ma vie la corporéité des autres qui entre en conflit avec la mienne.

Par contre, il y a des moments où je me réjouis d'être un corps. Lorsque, par exemple, je serre la main d'un ami, lorsque j'embrasse quelqu'un que j'aime, je suis heureux d'avoir des mains et des bras !

À ce moment, contrairement aux Grecs, je perçois quelque chose de plus : je sais que mon corps peut être un *pont, un intermédiaire*. Cette perception vient de la Bible : je suis un « *adam* » c'est-à-dire un terrien, fait de la terre, un *terreux* comme dit Chouraqui. Je dois donc me répéter que, où que soit ma tête, mes pieds sont en terre comme une racine d'arbre et que ma première *communauté de vie* s'enracine dans toutes les choses créées. Dès lors, la Rédemption signifie le retour de toute la création à Dieu à travers mon corps : « *la création attend avec impatience la révélation des fils de Dieu...* » **(Ro. 8, 19-23)**.

Il n'est donc pas surprenant de voir que, quand Paul cherche une image pour exprimer l'unité intense à laquelle tous les hommes sont appelés dans le Christ, il ne trouve pas de meilleure image que celle du corps ! « *Nous formons tous un seul corps* » **(Ep. 4, 12)**.

Mon corps me lie aux souffrances des autres comme si elles étaient miennes. Le corps n'est pas une cause de séparation mais de solidarité. Tout ce qui arrive à mes frères dans la chair fait écho en moi ! Leur joie est ma joie, leur peine est ma peine. Leur progrès me fait progresser et leur recul fait reculer toute l'humanité !

Mon corps m'est si intimement lié qu'il signifie quelquefois « moi » tout simplement. Être sauvé, ce n'est pas être débarrassé de son corps, mais le sauver.

Donc, pour être pleinement chrétien, je dois accepter mon corps et la fraternité qu'il me donne avec l'univers, avec les autres hommes et avec tous les membres du Corps du Christ.

*2. **Âme :** Je suis âme, psychè, nephesh,* âme-vivante-incarnée.

Cela signifie beaucoup de choses :

- Tout d'abord cela veut dire que je suis vivant, mais autrement que le caillou, ou la rose ou le chien. Nous sommes seuls à savoir que nous sommes des humains.

- L'âme est ma capacité à dominer. C'est mon titre de supériorité sur toute la création : je dois *« nommer les choses »* (**Gen. 2, 19**). Mais dominer ne veut pas dire *écraser !* Même si je ne puis toujours exercer de maîtrise physique, je puis *comprendre,* c'est cela *« dominer ».* En d'autres termes, même si la montagne me tombe dessus et me tue, je SAIS que c'est une montagne et je SAIS que je meurs. Rien ni personne d'autre au monde n'en est capable !

- L'âme, c'est aussi mon activité rationnelle. Par elle je définis ma personnalité dans toute sa diversité : intelligence, liberté, affectivité, sensibilité. Cela signifie également que l'âme et l'intelligence ont leurs **limites.**

La science est la grande réalisation de « *l'homme psychique, l'homme naturel* » selon l'expression de saint Paul » (1 Co. 2, 18) : « *l'homme laissé à sa seule nature...* » c'est-à-dire qui agit indépendamment de la Foi et de l'Esprit.

Cette science, quand elle n'outrepasse pas ses limites, me sert de multiples manières, mais quand elle essaie d'être l'explication totale de mon existence, elle devient tyrannique. Nous les Occidentaux, nous avons fait l'expérience de la *raison* aussi bien comme une bénédiction que comme une malédiction. Si cette raison nous a apporté l'ordinateur, par exemple, c'est elle aussi qui a tiré la sonnette d'alarme devant la menace de la dépersonnalisation. Si la raison (l'intelligence) fournit des médicaments extraordinaires pour soulager, elle peut aussi fournir à ceux qui meurent de faim spirituelle et qui l'ignorent, des moyens faciles de choisir le suicide à petit feu, par intoxication ou dépendance aux drogues de toutes sortes.

Si la science a pu inventer les rayons laser ou la chimiothérapie, elle a malheureusement aussi ses Tchernobyl !

Le *corps* de l'homme peut vivre de pain et son *intelligence* de connaissance, mais **la personne humaine** ne vit pas seulement de pain et de connaissance. Il y a un élément supplémentaire car la personne humaine est aussi *esprit.* Et l'homme n'est pleinement homme que si son esprit a rencontré l'Esprit, c'est-à-dire Dieu !

3. *Esprit :*

Je suis esprit, *pneuma,* souffle, *ruah.* C'est le don le plus direct de Dieu à l'homme et ce qui le rend le plus semblable à Lui.

Le « *pneuma* » puisqu'il est vent, souffle, est le mouvement qui me permet d'atteindre ce qui est au-delà de ma portée, c'est la poussée qui m'est donnée pour m'étendre bien au-delà de ce que j'ai déjà atteint. Grâce à lui, je puis être mû par le pouvoir de Dieu et ouvert à un **bien infini**.

II

LA RÉVOLTE ET LE PÉCHÉ

Dieu a donc voulu constituer un univers qui serait plein de Son Amour et Lui rendrait gloire. Son Plan était qu'à travers la création, on puisse voir le génie du Maître qu'est Dieu, en y retrouvant tout l'Amour de Dieu, toute la paix, toute la joie de Dieu.

Dans cette création, toute la louange se fait par des êtres appelés LA CRÉATION SPIRITUELLE (les *Anges*) et par des êtres constitués d'un corps, d'une âme et d'un esprit, comme vous et moi, L'HUMANITÉ.

Nous connaissons tous la suite des événements : il y a eu d'abord la révolte des anges, puis celle des hommes sous la motion des anges révoltés. Satan a tourné sa fureur contre le Plan de Dieu et donc contre la Création telle que Dieu l'avait voulue.

Mais n'anticipons pas : ils sont donc là tous les deux, Adam et Ève, dans ce jardin, **cet Éden.** L'Éden est le lieu de la joie, de la beauté, LE PARADIS TERRESTRE, où tout est harmonie, calme, beauté, lumière, joie de vivre.

L'homme a été établi, par la volonté de Dieu, dans la joie, dans la beauté.

Si le monde n'est plus l'ÉDEN, CE N'EST PAS LA FAUTE DE DIEU ! Au départ, Dieu y avait placé l'homme : Dieu n'a pas défendu le plaisir à l'homme, Il le lui a donné, l'homme s'est exclu lui-même de l'Éden.

Adam et Ève sont donc là, ils sont dans ce jardin et voilà la scène de la tentation et du péché.

Lisons **Gn. 3, 6** : *« Elle prit du fruit et en donna à son mari qui était avec elle ».* Ils sont là tous les deux et ils pèchent ensemble, chacun, j'allais dire *selon son état* :

- **Adam,** le *bon berger*, a, au nom du Seigneur, cette sorte de charisme pastoral, de faire grandir la vie, de la protéger, de garder la Parole et la Loi, de nommer chaque chose et chaque être par son nom pour leur permettre d'exister.

- **Ève** a aussi dès le départ un charisme, celui *d'être l'aide* de la part du Seigneur, c'est-à-dire cette sorte de *témoin du spirituel* devant l'homme pour lui permettre de vivre. La femme est mémoire pour l'homme, elle est mémoire pour lui rappeler que ni l'avoir ni le pouvoir ne peuvent jamais le satisfaire. Elle est devant l'homme mémoire permanente vivante du désir qui l'habite, de la dynamique de son désir profond qui est de DEVENIR SEMBLABLE À DIEU dans la sainteté de l'amour.

- **Ils sont là tous les deux :** *« Elle prit du fruit et en donna à son mari qui était avec elle ».*

Adam devient un pasteur indifférent, un chien muet, comme dit le prophète Isaïe (56, 10) : *« Tous ces guetteurs sont des aveugles qui ne savent rien, ce sont des chiens muets incapables d'aboyer, qui rêvent et s'allongent et qui aiment dormir ».* Adam devient un chien muet qui se tait devant le loup et se sauve. Il ne prend pas parti. Adam se tait au moment où lui, le gardien de la Loi, il devait parler. Nous connaissons bien cette tentation de se taire pour avoir la paix. Tentation qui va toucher l'homme dans son charisme propre : abdiquer de ses responsabilités pour préserver sa tranquillité. Adam ne s'est pas battu, il s'est tu, or il avait un pouvoir ! Ce pouvoir lui avait été donné par Dieu *« sur toutes les bêtes qui rampent sur le sol » ;* il avait pouvoir sur le serpent ; il a renoncé à exercer son autorité. Il a renoncé à protéger, il a renoncé à cette grâce de pasteur qui lui avait été donnée.

Ève par contre est tentée d'une autre manière : par sa grâce propre de femme c'est-à-dire d'ouverture au spirituel, de mémoire du désir de sainteté. Quand le serpent vient entamer le dialogue avec elle, elle y entre. C'est ce qu'il ne faut jamais faire. Quand on entre dans le dialogue, quand on commence à discuter avec le serpent, c'est toujours néfaste.

Elle entre donc en dialogue avec le serpent et qu'est-ce que celui-ci lui dit ? *« Si vous mangez de ce fruit, vos yeux s'ouvriront, vous serez comme des dieux ! »*

Autrement dit, il va la tenter **par la promesse même de Dieu.** Ce n'est pas par orgueil en voulant être comme Dieu qu'Ève pèche puisque c'est ce qui est promis et elle est là pour rappeler que c'est la dynamique profonde de cette humanité, mais CE PASSAGE DE L'IMAGE DE DIEU À LA RESSEMBLANCE EST LE FRUIT D'UN LONG CHEMINEMENT DANS L'AMOUR. Dieu avait ménagé des étapes. Il aurait TOUT donné : *l'arbre de vie* (cf. **Ap. 2, 7 et 22, 2**)

- *la connaissance*, qui, elle, nous est promise puisque dans le Royaume, nous connaîtrons *« la longueur, la largeur, la profondeur et nous serons remplis de toute la plénitude de l'amour de Dieu »* (**Ep. 3, 18**).

Dieu aurait donné *progressivement* ce que l'humanité pouvait porter, à mesure de sa croissance dans l'Amour.

Le péché d'Ève a été le « TOUT, TOUT DE SUITE ». Elle a voulu prendre ce que Dieu aurait donné quand ce fruit aurait été mûr. Mais ce fruit était encore tout vert et elle a commencé à le trouver séduisant, elle a mis la main dessus et elle l'a pris. Elle s'est donc servie toute seule de ce « *tout, tout de suite* ».

Le chemin de la connaissance sans l'amour est un chemin de mort. Nous connaissons un peu les secrets de la matière aujourd'hui ; c'est pourquoi nous avons la **bombe atomique** !

Si le secret de la matière avait été donné *en son temps*, à une humanité qui aurait assez grandi dans l'amour, dans la fraternité vraie, dans la solidarité, jamais les secrets de la matière n'auraient engendré la bombe atomique et les Tchernobyl.

Nous ne pouvons pas porter la connaissance parce que notre cœur, notre amour sont trop petits et trop faibles. Dès lors, cette connaissance, nous la détournons vers le mal parce que nous nous l'approprions trop tôt.

Nous connaissons tous cette tentation de brûler les étapes, de ne pas les respecter. Oh, ne pensons pas uniquement à la vie sexuelle d'aujourd'hui ! Pensons également à notre vie spirituelle où, à la limite, nous mettrions aussi la main sur Dieu pour Le prendre, L'accaparer, fabriquer notre sainteté nous-mêmes parce que c'est plus sûr !

Du coup s'introduit cette **méfiance envers Dieu** : « *Mais Dieu sait que, quand vous en mangerez, vous deviendrez comme Lui !* »

Non seulement on a peur de Dieu, mais **on se méfie de Lui** : nous croyons que Dieu est jaloux alors qu'Il est Père !

Voyons rapidement les séquelles ou ***les fruits du péché d'Adam et Ève.***

Premier fruit du péché : la LUCIDITÉ !

« *Leurs yeux s'ouvrirent et ils virent qu'ils étaient nus.* » Cette lucidité vient du démon, c'est une lucidité froide qui est le contraire de **la transparence, de la vérité**. Cette lucidité-là nous fait dire par exemple : « *Oh, je suis bien lucide, je te perce à jour, je vois tout le mal qui est en toi, toute la pauvreté qui est en toi ! Maintenant, mes yeux sont ouverts !* » N'est-ce pas précisément à ce moment-là que nous devenons aveugles ?

Dans ce sens-là, Dieu n'est pas lucide, Il ne nous voit que dans l'amour. Il ne nous voit que dans la transparence, que dans la vérité profonde. Dieu ne voit en chaque être que Son image, fût-elle abîmée, fût-elle encore en germe tout maigrelet. Il ne voit en chaque être que la vie, l'amour, même si c'est terriblement détruit !

Cette lucidité, fruit du péché, ne vient pas de Dieu. Elle voit moins loin que l'amour ; elle est moins vraie que l'amour qui, derrière l'apparence, voit la réalité profonde de chaque être et qui, au-delà de sa pauvreté, en perçoit sa beauté et son innocence.

Deuxième fruit du péché : « ils se cachent » (Gn. 3, 8-13)

Ils se dérobent à Dieu : « *Ils entendirent le pas de Dieu… ils se cachèrent devant le Seigneur Dieu…* » Depuis ce jour, le Seigneur Dieu passe son temps à nous appeler et nous, nous passons le nôtre à nous cacher !

Tout pouvait encore être sauvé si Adam s'était précipité au-devant de Dieu dans le repentir en disant humblement ce qu'il avait fait, en reconnaissant son péché, sa désobéissance, sa lâcheté et Ève en avouant son propre péché. Mais ILS SE CACHENT, ILS ONT PEUR ! Ne répondons-nous pas cela de temps en temps à Dieu ? « *J'ai entendu ton pas, ta voix, tu t'ap-*

prochais trop de moi, Seigneur, et j'ai eu peur de ce que tu allais me demander et je me suis dérobé ! »

Et, en lui demandant : « *Qui t'a appris que tu étais nu ?* », Dieu tend une perche à Adam pour qu'il reconnaisse sa faute et puisse dire : « *oui, j'ai vraiment péché !* ».

Mais au lieu de dire la vérité, l'homme répond par **une double accusation** : « *C'est la femme que tu as mise auprès de moi qui m'a donné du fruit de l'arbre et j'ai mangé* ». « C'est donc de ta faute, Seigneur, c'est Toi qui m'as donné cette femme ! »

Tous, nous avons cet art subtil de retourner contre Dieu les dons mêmes qu'Il nous faits. « *Pourquoi, Seigneur, ne m'as-tu pas empêché de faire tel mal ? C'est ta faute si j'ai péché !* » C'est *l'accusation contre Dieu.*

L'accusation contre l'autre s'introduit dans le monde, entre les sexes, au cœur des couples, au cœur des communautés de vie et au cœur des relations humaines, *c'est toujours la faute de l'autre.*

Le nom de l'accusateur dans la Bible c'est SATAN, l'accusateur de nos frères, *l'homicide,* celui qui tue l'homme. Nous entrons dans une logique de mort dès que nous nous mettons dans une logique d'accusation. Nous nous faisons alors les complices de Satan, de l'homicide.

Refusons systématiquement toute accusation qui va enfermer l'autre : « *Il est jaloux, elle est méchante, etc* ».

Prenons conscience que les offensives de Satan se sont multipliées jusqu'aujourd'hui :

- après le Paradis terrestre, il s'est attaqué aux Patriarches et aux Prophètes.
- Il a tout fait pour détourner le Peuple Juif de l'attente et de l'Incarnation.
- Il s'est attaqué à Jésus Lui-même et à son Église.

Nous savons qu'aujourd'hui encore, il est à l'œuvre de bien des manières en ces dernières années du second millénaire ; je ne citerai que la guerre en ex-Yougoslavie ou les génocides en Afrique.

Aujourd'hui encore, le plan d'Amour de Dieu est massacré par notre révolte. Dieu avait créé l'homme dans l'unité et Il l'avait harmonisé avec toute la création et dans l'union avec Lui.

Par le péché originel, les humains ont désuni leur volonté de la volonté divine et se sont coupés de Dieu. L'homme a refusé la **dépendance** à Dieu et s'est coupé de la source de toute vie et de tout amour. Dieu avait créé l'homme dans la *liberté*, mais au lieu de se contenter de celle-ci, l'homme a décidé de réclamer L'INDÉPENDANCE. C'est une distinction très importante.

La liberté est la faculté d'accepter sa dépendance dans l'amour. Être libre c'est CHOISIR LE MEILLEUR MOYEN D'ALLER AU BIEN. Par le péché originel, les hommes se sont servis de leur liberté pour s'opposer à Dieu, **pour refuser l'Amour** !

Dès lors, ce fut le rejet du plan d'Amour de Dieu sur toute l'humanité et donc LA BRISURE DE L'UNITÉ entre le Créateur et la créature.

La conséquence immédiate de cette rupture, ce sont trois désunions :

a) Désunion avec Dieu :

- Dieu est Source de vie et maintenant il y a apparition de la maladie et de la mort.
- Dieu est Vérité et maintenant, il y a apparition du mensonge, de l'erreur et de l'ignorance.
- Dieu est Béatitude et nous voyons apparaître la souffrance.

– Dieu est Bonté et il y a apparition du mal et de sa connaissance expérimentale.

b) Désunion des humains en eux-mêmes :

– « *Adam et Ève ont rougi d'eux-mêmes.* »
Parce qu'il y avait déjà une désunion à l'intérieur d'eux-mêmes. Quand l'homme est uni en lui-même, il ne peut rougir de lui.
L'être humain, à partir de ce jour, a commencé à connaître **la dislocation, l'inquiétude, la déstabilisation.** Dès lors, il y a prolifération des remords, de l'anxiété, de la culpabilité, de la honte, du dégoût, du désespoir, de l'accablement pouvant même aller jusqu'à l'auto-destruction.

c) Désunion des humains entre eux

Puisque nous sommes désunis EN nous, nous avons commencé à nous désunir ENTRE nous !

De là est venue toute une série de réactions en chaîne :

– Le désir d'amour noble devient souvent **ignoble appétit** de domination.

– La tentation du dehors et du dedans conduit l'être humain à PERDRE SON PARADIS INTÉRIEUR. Il a été créé pour dominer la création mais il ne la domine plus du tout, au contraire, dans de nombreux cas, il est dominé par elle.

– Toute l'Histoire de l'Humanité nous explique la longue succession des événements :

- rupture de l'unité fraternelle : *Caïn tue Abel* **(Gn. 4, 8)**.
- rupture de l'unité familiale : *Cham contre son père Noë* **(Gn. 9, 22-25)**.
- rupture entre les nations : *la tour de Babel* **(Gn. 11, 14)**.

Tout cela amène désunions, guerres et conflits.

Mais **le mal de l'homme**, contrairement à celui des Anges, demeurait **réparable.**

Les anges, lorsqu'ils se sont séparés de Dieu, ont été condamnés pour l'éternité. En effet, ils avaient la liberté d'un choix *en toute connaissance de cause.* Ils l'ont fait, c'est classé. **Ils ne peuvent plus revenir en arrière !**

Mais dans notre cas, puisque nous n'avons pas l'entière connaissance, **Dieu nous offre *gratuitement,* par la Rédemption, LE RETOUR, une VIE NOUVELLE.**

Le Christ, précédé par Abraham et Moïse, se met en marche. Jésus, l'envoyé du Père, va ramener dans le monde l'Amour : l'amour du Père et l'amour des frères.

L'Église aujourd'hui, *et donc chacun de nous,* continue l'œuvre d'amour et de réunité. À nous de poursuivre cette œuvre à 100 % !

III

ÉQUILIBRE ET INTERACTION DU CORPS, DE L'ÂME ET DE L'ESPRIT

Équilibre

Le corps, l'âme et l'esprit, ne sont pas trois compartiments mais plutôt trois modes d'être, trois manières différentes de me comprendre et de comprendre.

Les trois termes bibliques sont relationnels dans leur signification. Le corps, par exemple, met davantage l'accent sur la relation avec le cosmos et tout le genre humain. L'âme a une capacité à être élevée jusqu'à la sphère divine. L'esprit contient en lui-même la capacité, la faculté de relation à Dieu.

Saint Paul ne cache pas les *conflits intérieurs* qui peuvent surgir dans l'être humain. Glanons quelques exemples dans ses écrits :

– 1 Co. 2, 14-15 : « *L'homme laissé à sa seule nature n'accepte pas ce qui vient de l'Esprit de Dieu. C'est une folie pour lui, il ne peut le comprendre. L'homme spirituel, au contraire, juge de tout...* »

– 1 Co. 3, 1-3 : « *Je n'ai pu vous parler comme à des hommes spirituels, mais seulement comme à des hommes charnels...*

car vous êtes encore charnels, puisqu'il y a parmi vous jalousie, querelles ; vous vous conduisez de façon toute humaine ! »

– **Ep. 4, 22-24** : *« Il vous faut, renonçant à votre existence passée, vous dépouiller du vieil homme qui se corrompt sous l'effet des convoitises trompeuses ; il vous faut être renouvelés par la transformation spirituelle de votre intelligence et revêtir l'homme nouveau créé selon Dieu dans la justice et la sainteté qui viennent de la vérité. »*

Quand Paul parle du vieil homme, l'homme charnel, l'homme psychique, l'homme extérieur ou simplement quand il parle de *« la chair »,* il parle ici de l'homme qui fonctionne simplement avec « âme et corps » mais qui n'est donc pas ouvert à l'Esprit.

Quand l'homme est ouvert à l'Esprit, quand il est *« corps, âme et esprit »*, alors Paul parle de L'HOMME NOUVEAU, l'homme spirituel, l'homme intérieur ou simplement de « l'esprit ».

Mais il faut toujours se rappeler que l'esprit n'est pas une partie de l'homme, ce n'est pas l'homme sans âme et sans corps. L'esprit c'est TOUT l'homme !

La vie spirituelle devient alors le **cheminement** du vieil homme à l'homme nouveau, c'est l'ouverture progressive à l'Esprit. Saint Paul nous dit que nous sommes des vases d'argile :

– **2 Co. 4, 7** : *« Nous portons ce trésor dans des vases de terre ».*

– **Rm. 9, 20** : *« Le vase d'argile va-t-il dire à qui l'a modelé… Qui es-tu donc homme, pour entrer en contestation avec Celui qui t'a fait ? »*

Dans ce vase, il y a le corps animé, l'âme incarnée et l'esprit qui est la capacité de recevoir l'Esprit de Dieu. Nous avons donc à ÉLARGIR notre CAPACITÉ RÉCEPTIVE. Le chrétien est donc un homme qui vit PLEINEMENT AUX TROIS NIVEAUX de son être et non pas en une partie de son être.

Il y a, dès lors, deux manières de vivre :

1. Vivre avec corps et âme,
2. Vivre de l'Esprit, c'est-à-dire de tout l'homme.

Saint Paul nous dit encore :

– **2 Co. 4, 16** : *« Si l'homme extérieur va à sa ruine, l'homme intérieur se renouvelle de jour en jour ».*
– **Ep. 4** : *« Dépouillez le vieil homme ».*

C'est la transformation spirituelle de notre intelligence. Beaucoup de choses dépendent de ce que *nous décidons* de faire. Mais il faut peu à peu **coopérer avec Dieu** pour trouver une solution.

La Bible nous parle toujours de MARCHER DANS L'ESPRIT mais elle ne nous dit jamais de *marcher dans l'âme* ou de vivre selon les arbitraires de celle-ci, c'est-à-dire de nos émotions.

Enfin, Paul conclut :

– **Ga. 5, 16-17** : *« Vivez sous la conduite de l'Esprit, alors, vous n'obéirez pas aux tendances égoïstes de la chair, car les tendances de la chair s'opposent à l'Esprit et les tendances de l'Esprit s'opposent à la chair. En effet, il y a un affrontement qui vous empêche de faire ce que vous voudriez ».*

Je ne suis complet, je ne suis un tout que si j'ai intégré harmonieusement le corps, l'âme et l'esprit. Quand j'essaie d'exclure un de ces éléments ou de donner à l'un d'entre eux la place qui doit être tenue par un autre, alors je manque d'équilibre. Faisons une comparaison avec ce tabouret à trois pieds dont se servaient nos grands-parents pour traire les vaches : s'il perd un de ses pieds, il ne peut plus tenir en équilibre !

Il est possible, par exemple, de mettre tellement l'accent sur le « pneuma » que toute raison et toute solidarité humaine soient mises de côté. Une telle désincarnation est un excès qui n'est pas chrétien ! C'est ce que l'on appelle le fanatisme.

Nous sommes, par contre, davantage portés à négliger le « pneuma » en faveur de l'intellect ou du corps. Et quand cela va jusqu'à chercher dans le « psychè » ou dans le « soma » ce que seul le « pneuma » peut donner, c'est presque démoniaque. Quand on pervertit l'un ou l'autre, plus rien ne marche.

– Quand je ne compte que sur ma propre force et parfois sur ma violence pour assurer ma position dans la vie, non seulement je rate quelque chose, mais je fais beaucoup de mal autour de moi. Quand, par exemple, argent, drogue, sexe ou boisson sont les seules ressources qui donnent sens à ma vie, alors je ne puis être heureux.

– Si, par contre, je ne cherche de solution à mes problèmes que dans la « psy » alors que seul le « pneuma » (c'est-à-dire le spirituel) peut me la donner, il n'y aura aucun fruit durable.

– Et si, à l'opposé, je n'accepte que le *« pneuma »,* c'est-à-dire les prières et les liturgies de guérison alors qu'il y a un sérieux problème *« psychologique »*, je risque dans certains cas la folie mystique.

Interaction du corps, de l'âme et de l'esprit

Depuis longtemps, nous avons pris conscience des interactions de l'âme et du corps. Voyons des situations très concrètes :

– J'attendais un bon résultat aux examens, or je récolte une mauvaise note. Du coup, je suis complètement retourné et je ne peux avaler mon dîner ni encore moins m'endormir cette nuit-là.

– Je ne puis 'sentir' telle personne et dès que je sais qu'elle est dans les parages, j'en attrape la migraine !

Nous savons que plus de la moitié des maladies de l'humanité sont classées comme **psychosomatiques.** Cela ne veut pas dire que ces malades mentent pour autant ! Mais cela prouve combien notre « psy » peut influer sur notre « sôma », notre corps. Cela signifie que les symptômes sont somatiques mais que les causes sont psychologiques.

Certains patients ont en eux un tel besoin de prendre des médicaments que leur médecin, pour les calmer, leur prescrit ce qu'on appelle un « placebo » (du latin *placere* qui veut dire « plaire ») c'est-à-dire du 'perlinpimpin' recouvert de sucre qui ne fait ni du bien ni du mal ! Dès qu'ils prennent ces perles de sucre, ils se sentent mieux !

Mais il faut admettre que je suis aussi « **pneuma** ». Si la « psy » a une telle influence sur le corps, est-ce que l'esprit ou le « **spirituel** », le « spi », ne peut pas à son tour avoir une influence *puissante* sur la « psychè » et, à travers elle, sur le corps ?

Si telles ou telles maladies ont des effets psychiques et somatiques, c'est parce que, parfois, leur cause profonde, réelle, est : de l'ordre du « pneuma », il n'est pas développé ou il est rétréci !

Mon expérience personnelle dans le ministère d'accueil psycho-spirituel m'a convaincu que ces maladies, nous les rencontrons tous les jours, et que **beaucoup de guérisons psychiques et organiques peuvent être accomplies, en de**

nombreux cas, simplement par la guérison du pneuma. L'absence de cette force du « pneuma » a évidemment des répercussions psychiques et même physiques, telles que l'affliction, un sentiment de solitude, des frissons psychosomatiques, une tristesse profonde etc. C'est ici que la Foi peut vraiment sauver la personne. La Foi est un don gratuit qu'il suffit d'accueillir.

Il est évident que la Foi peut se mêler de foi humaine qui prend appui sur une personne ou sur une Communauté, mais c'est précisément là que Jésus, **le seul Sauveur de l'Humanité,** se présente : « *Là où deux ou trois sont réunis en mon Nom, Je suis là* ». Il offre ce qu'aucun appui humain ne peut garantir : une FIDÉLITÉ DIVINE qui a voulu mourir sur une Croix pour ceux à qui Il a juré fidélité.

Lettre de médecins chrétiens à leurs malades

Je ne résiste pas à reproduire ici des extraits de la fameuse lettre publique, rédigée à l'issue d'un Congrès de médecins et thérapeutes chrétiens réunis à Paris le 13 Novembre 1983 par cent quarante docteurs en médecine, psychiatres et psychologues.

> *(...) « Vous êtes en droit d'attendre de nous la compétence professionnelle au service de votre santé. Mais c'est précisément en raison de notre devoir d'efficacité à votre service, que nous avons pris la liberté de vous faire parvenir cette lettre que l'urgence d'une plus grande vérité nous impose.*
>
> *« (...) Très souvent il nous arrive de penser qu'il y a un autre diagnostique à faire et que le mal dont vous souffrez est plus profond, plus global mais aussi parfois plus précis que les symptômes de la maladie que nous essayons de gommer et de soigner.*

Très souvent, il nous arrive de penser que nous soignons les effets sans DÉRACINER LES CAUSES VÉRITABLES *de votre maladie.*

« (...) Beaucoup de maladies ont pour origine des difficultés de relation. L'homme est un tout et notre corps enregistre à sa manière les fluctuations, les joies, les manques de nos relations avec les autres et avec nous-mêmes.
Aussi, pour votre santé, laissez-nous vous dire qu'il est peut-être encore plus urgent et nécessaire de vous réconcilier avec les autres et vous-même que d'acheter des médicaments.

« (...) Les manques de paix, les tensions, l'absence de confiance et de miséricorde, bref les carences de l'amour sont les véritables poisons de notre santé.

Moins de médicaments et plus de miséricorde, voilà notre prescription.

Faire paisiblement la vérité, pardonner à sa femme, à son fils, à son frère, prendre du temps pour s'écouter soi-même et accepter tel ou tel échec... voilà les ordonnances que nous osons vous faire.

« (...) Parce que nous sommes médecins chrétiens et parce que nous souhaitons pour vous, au delà de telle ou telle épreuve physique, la santé de la totalité de votre être, nous vous partageons notre conviction profonde en vous disant à la suite de l'apôtre Paul : Laissez-vous réconcilier par le Christ... Il est le médecin véritable.

« (...) Dans certains cas, nous avons constaté que le jeûne et la prière avaient plus d'efficacité que n'importe quel médicament. En particulier, la prière de louange, celle qui consiste à SE DÉCENTRER DE SOI-MÊME *pour* SE TOURNER VERS CE DIEU QUI EST PÈRE *et qui nous ouvre dans la joie aux véritables dimensions de la vie. »*

(suivent les 140 signatures)

IV

LES INCONSCIENTS ET LES MÉMOIRES

Les inconscients

Nous avons très brièvement décrit, en commentant la Bible, « L'INCIDENT DE PARCOURS » qui a brisé l'harmonie dans l'Humanité. Il s'en est suivi blessures et liens indéniables dont nous expérimentons les effets tous les jours.

Pour bien comprendre ces blessures et ces liens dans un être humain, il est très important de prendre en considération les DEUX ZONES DE L'INCONSCIENT qui se trouvent entre les différents niveaux dans l'homme.

Rappelons notre point de vue : l'homme est corps, âme et esprit. Pour schématiser, disons **qu'entre le « corps et l'âme »** se trouve une zone d'inconscient. C'est cette zone que la psychologie des profondeurs a essayé de pénétrer depuis Freud et bien d'autres. C'est dans cette *zone de l'inconscient* que se ramassent les **traumatismes et tous les blocages,** *les blessures* qui sont depuis peut-être longtemps dans la vie d'un homme. Il est important que nous connaissions cette zone-là. Cette zone de perturbation est la suite de blessures parfois très anciennes qui agissent sur nos relations, sur nos comportements. Nous savons bien aujourd'hui, par exemple, que si dans son enfance quelqu'un a eu un père très autoritaire, il aura des difficultés tout au long de sa vie chaque fois qu'il se trouvera en présence d'une autorité. Immédiatement la blessure fait mal. Et comme dans la vie, chacun est fatalement obligé d'avoir des chefs, il est immédiatement confronté à avoir des réactions qui le dépassent et tant qu'il n'aura pas compris cela, il vivra de l'agressivité à l'égard de tout responsable et cela se reproduira tant qu'il n'aura pas découvert la BLESSURE AU NIVEAU DE L'INCONSCIENT.

Mais ce qu'il y a aussi dans notre personne – et cela Freud ne l'a pas vu – c'est l'autre **inconscient**, celui qui se trouve **entre « l'âme et l'esprit »**. C'est dans la zone de cet inconscient-là que vont se jouer tant de réalités spirituelles. C'est là aussi que tant de blessures et de **liens** peuvent rester suite aux péchés de notre race, de notre lignée, de notre famille auxquels peuvent s'ajouter tous nos péchés personnels.

C'est dans cette zone que nous allons être touchés par le monde invisible de l'Esprit et des esprits. C'est la zone de tous les liens qui peuvent abîmer nos relations avec le monde spirituel et paralyser ou dévier nos attitudes et nos habitudes (masturbation, alcoolisme, etc).

La grosse lacune de Freud, c'est, d'une part, de n'avoir pas fait la distinction entre ces deux inconscients et, d'autre part, d'avoir ramené les problèmes spirituels à des problèmes psychologiques ou psychiques.

Il est vrai que, par les sciences psychologiques, les motivations secrètes de nos agissements seront dépistées, les pulsions calibrées, les alibis dénoncés, les agressivités désamorcées, l'enfance décryptée. Mais il vient UN SEUIL où ces sciences calent : au-delà de celui-ci, elles ne peuvent plus nous accompagner. Elles auront conscientisé notre passé, mais elles n'auront pu faire qu'il ne soit pas ce qu'il a été. Elles auront rouvert d'anciennes blessures, elles n'auront pu ni les désinfecter ni les guérir. Elles sont donc souvent source de souffrance plutôt que de progrès. Beaucoup de gens qui ont suivi une psychothérapie sont devenus conscients de leurs blessures mais cela ne les aide pas du tout, au contraire. Ils ont l'impression d'avoir « *un paquet sur les bras* » dont ils ne savent que faire ! Ils ne peuvent pas le gérer. Le résultat de tout cela est, après quelque temps, la glissade dans la déprime, les angoisses et la culpabilité. Ils piétinent ou font marche arrière, au lieu de progresser vers la guérison.

Très souvent, il y a confusion entre le psychisme et le spirituel. Il est donc important d'avoir une notion claire de la personne humaine selon ce que dit l'Écriture Sainte.

Les mémoires

Rappelons d'abord quelques notions élémentaires :

Mémoire : d'après le dictionnaire, la mémoire est la propriété de conserver certaines informations, l'aptitude à se souvenir. C'est aussi la faculté de rappeler les idées et la notion des objets qui ont produit des sensations.

Distinguons deux sortes de mémoires :

- *La mémoire héréditaire* : conserve et transmet les informations nécessaires à la vie. Nous connaissons l'exemple du poussin né d'un œuf placé en couveuse électrique. Il n'est pas éduqué par une mère poule et cependant, il a tous les réflexes d'un poussin. Même si vous le faites éclore au beau milieu d'une nichée de lapins, il se comportera en poussin et non en lapin !
- *La mémoire acquise* : conserve et transmet les informations acquises au long de la vie : elle se surajoute à la mémoire héréditaire.

Pour nous, la mémoire c'est **tout le corps**, c'est l'accueil de toute notre vie qui va s'incorporer en nous, qui va devenir corps. C'est en accueillant les événements et le cosmos, en accueillant aussi la Parole de Dieu, que je vais DEVENIR CE QUE JE SUIS.

L'homme est accueil et ce qu'il accueille prend corps en lui, devient son corps. Ainsi le monde autour de moi, les autres, moi-même, sont-ils source d'information, d'excitation et c'est en les accueillant que je vais devenir moi-même, que ma vie va prendre corps. Tous mes comportements seront influencés par ce que j'aurai ainsi enregistré en moi venant de mes ancêtres, de ma race, de ma lignée, de ma famille et de tous les événements de ma propre vie depuis le jour de ma conception jusqu'aujourd'hui.

Mes **comportements d'aujourd'hui** vont me permettre de saisir si l'incorporation de mon histoire s'est faite avec bonheur ou pas.

Si tout événement de mon existence a été accueilli et vécu de façon heureuse, la mémorisation qui m'a peu à peu construit, me permettra de réagir aujourd'hui de façon saine, parce que je serai unifié, en paix avec moi-même et avec mon histoire.

Si, par contre, je suis plein de blessures, la moindre excitation, le moindre événement, va réveiller en moi les défenses que j'aurai développées à partir de ces blessures.

Je comprendrai dès lors, par mes comportements disproportionnés, inadaptés ou « *tordus* » comme le dit Nelly Astelli[1], combien je suis marqué dans mon corps, mon âme et mon esprit par des événements du passé. Je ne suis pas un être qui peut vivre le moment présent en oubliant mon his-

---

1. Cf. : *Sauver ce qui était perdu,* Éditions SAINT-PAUL, 1988, 151 p.

toire. Le corps n'oublie pas et n'oubliera jamais ; ce sont toutes les cellules de mon être qui se souviennent.

Souvenir : Selon le *Littré,* le souvenir est l'impression qui demeure dans la mémoire. Impression qui demeure et qui dure. Je puis faire venir à mon esprit cette impression, les traces qu'elle a laissées en moi. Ainsi, par un acte de volonté, de liberté, je peux décider de retrouver, par exemple, les noms de mes condisciples de telle ou telle promotion. Certains noms ne reviendront pas à la surface, à mon esprit, parce que tous n'ont pas été imprimés en moi. Certains condisciples m'ont tellement fait mal, ont été si méchants envers moi, m'ont tellement blessé que je me suis empressé de « mettre aux oubliettes » leur nom et leur visage. D'autres ne m'ont jamais marqué ni intéressé. Je ne m'en souviens donc plus.

Mais un souvenir peut également me revenir grâce à une nouvelle sensation aujourd'hui : ainsi, par exemple, en pénétrant aujourd'hui dans une maison assez semblable à celle de mon enfance, immédiatement des souvenirs de cette période vont surgir en moi. Le souvenir est donc tout simplement une impression qui demeure dans ma mémoire.

Nous avons parlé plus haut des **blessures du passé.**

Dans une blessure, il y a souvent plusieurs niveaux, plusieurs mémoires qui peuvent être malades :

- la mémoire VISUELLE : c'est la mémoire des blessures reçues par nos yeux lorsque nous avons vu des choses que nous n'aurions jamais dû voir parce que nous n'étions pas prêts à les voir, pas mûrs pour les voir sans broncher.

Je pense à ce petit garçon qui jouait dans les bois avec ses petits camarades et qui, soudain, se trouva nez à nez avec un pendu tirant la langue. Sa mémoire visuelle en est terriblement blessée !

– la mémoire AUDITIVE : c'est par des paroles que s'introduit dans notre cœur une idée destructrice de nous-même ; cela peut aller jusqu'à l'obsession. Si, à longueur d'années, je n'ai entendu que des paroles négatives sur mon compte, du genre : « *Tu n'es qu'un baudet, tu n'es qu'un idiot, tu ne feras jamais rien de bon* », il y a des chances que je ne ferai plus jamais d'effort pour devenir meilleur,… puisque je ne vaux rien, que je ne suis qu'un idiot. On me l'a toujours dit ! À noter que dans l'humanité, c'est la mémoire auditive qui est la plus blessée !

– La mémoire OLFACTIVE : ou mémoire des odeurs qui m'ont blessé : cela peut aller de la simple odeur de choux qu'on me faisait ingurgiter de force quand j'étais gosse à une odeur bien particulière comme celle de cadavres brûlés après un incendie.

– La mémoire GUSTATIVE : ou mémoire des blessures par le goût, les papilles. Je pense ici aux exagérations des « baptêmes des nouveaux » dans les Facultés Universitaires, à qui on fait avaler des crapauds ou d'autres choses encore !

– La mémoire TACTILE : celle des coups reçus. Il y a des corrections, des « raclées » qui peuvent être salutaires (quoique l'avis ne soit pas unanime sur ce point), mais quand, durant toute son enfance ou son adolescence, on assiste, impuissant, à des scènes de ménage où la violence physique et les cris s'entremêlent, on peut être terriblement blessé !

- La mémoire CÉNESTHÉSIQUE : celle des attouchements sensuels, des « doigts trop longs » et des « mains baladeuses » subis en étant bébé, petit enfant ou jeune adolescente ! Tout cela marque profondément la mémoire pour la vie s'il n'y a pas une guérison intérieure.

Le Seigneur n'efface pas mes souvenirs, mais il fait une réconciliation avec mon histoire, avec mon passé. Il n'efface pas, Il guérit afin que mon histoire devienne une richesse pour moi et me permette d'aider les autres.

Rappelons-nous que le Christ, chaque fois qu'Il se manifestait à ses disciples, montrait toujours ses plaies. Elles étaient devenues glorieuses, mais elles restaient des plaies. Ainsi nos blessures sont comme des trous ou même des déchirures dans notre *robe nuptiale* et chaque fois que nous les présentons au Seigneur, Il les recoud, Il les *rapièce*, Il les brode avec du fil d'or. Chaque trou est devenu une broderie en or, et finalement, toute ma robe sera recousue de fil d'or. Quand elle sera entièrement dorée, c'est que je serai totalement guéri, complètement remis debout. C'est que je serai entré dans une **vie nouvelle**, passé du vieil homme à l'homme nouveau dont parle saint Paul (**Ep.** 4, 22-24)

Il est important de prier sur les ***causes radicales*** et non pas sur les symptômes des blessures. Voilà pourquoi il est nécessaire de reconnaître ces causes profondes.

Un des moyens de découvrir mes blessures est L'ANAMNÈSE qui consiste à faire une remontée dans le passé afin d'y retrouver ce qui, à un moment de mon existence, a été pour moi cause de blessure profonde. Ce n'est pas pour le plaisir cynique d'y réveiller une stérile culpabilité, ni pour ressasser indéfiniment des choses sur lesquelles je n'ai plus prise.

Parfois, une anamnèse faite par tranches de vie ou l'exercice d'un charisme de connaissance par un priant, met le doigt sur tel événement précis qui est la souche, la racine de tel comportement tordu d'aujourd'hui. Si Jésus permet que cela *remonte à ma mémoire consciente*, ce n'est jamais pour m'humilier ou me juger, encore moins pour me condamner, mais au contraire, pour m'inviter à Lui présenter cette blessure pour **qu'Il puisse la guérir.**

Le Seigneur veut que mon histoire soit assumée et non pas éludée, qu'elle soit guérie et non pas niée. Une rencontre avec Jésus qui me sauve ne change pas seulement une vie dans le présent et pour l'avenir, elle reprend mon histoire pour l'illuminer du dedans : elle donne un passé nouveau. Ma vie passée est offerte à ma liberté. Ma vie bascule devant moi pour un choix neuf : je peux maintenant soit *refuser* ce qu'a été ma vie, en me fermant à la grâce d'une guérison, soit y *consentir* en accueillant l'Amour de Dieu pour moi et m'ouvrir à Sa Présence. Les moments douloureux, je peux les refouler une fois de plus, mais je peux aussi décider de les offrir à Jésus POUR QU'IL ME GUÉRISSE des blessures provoquées par ceux-ci.

Rien dans ma vie n'est irréparable, ni mes ratés, ni mes échecs, ni mes dérapages aussi profonds et pénibles qu'ils aient été ! Ceux qui bataillent pour venir à bout d'une **faiblesse personnelle répétitive** ne doivent pas désespérer, parce que Dieu tient compte de leurs efforts et s'ils persévèrent dans la prière confiante et humble, Il les exaucera à Son heure en les accompagnant sur un chemin qui les conduira à l'entière sainteté.

De mon passé, Jésus, le Seigneur de ma vie, peut faire quelque chose d'inédit. Il me suffit de consentir à mes blessures, de les *« nommer »*, de les voir en face, de voir mon passé avec le regard du Seigneur et de les offrir à la puissance de guérison de Jésus. Rien n'est plus déprimant que de se dire : « Demain ne sera pas différent, je tomberai dans les mêmes ornières ». Comment espérer, comment avoir le sourire et la joie de vivre quand les échecs passés hantent ma mémoire ? Oui, la mémoire peut tuer l'espérance et rendre le cœur dur comme pierre. Elle a donc grandement besoin d'être guérie. Seule, une PRIÈRE DE GUÉRISON faite sur moi peut faire que ma mémoire soit complètement guérie. De plus, une PRIÈRE DE RUPTURE me rendra libre des liens dus aux blessures.

Ma mémoire ne se souviendra plus que de l'Amour de Dieu pour moi ; elle deviendra une mémoire qui aime. Effleurant chaque souvenir de Sa main guérissante, le Seigneur me rendra une mémoire neuve qui ne se souviendra que des merveilles de Dieu dans ma vie.

Jésus m'appelle à la liberté des enfants de Dieu, notre Père. Mon être est un être entier et tous les différents niveaux sont intimement unis. Le Seigneur m'appelle à m'unir intimement à Son chemin de guérison de l'être humain tout entier.

Voilà pourquoi la prière de guérison doit être intimement liée à la CONVERSION CONTINUELLE. C'est la seule façon de vraiment trouver l'amour de Dieu, de Le rencontrer le plus intimement possible. Une fois la guérison mise en route par la prière, c'est la personne même qui est *responsable* de sa propre guérison. Il n'y a *rien de magique dans cette démarche* ! Cette prière est intimement liée à ma conversion, à mon RÉAJUSTEMENT À DIEU : je dois devenir priant, engagé tous les jours dans une prière profonde et personnelle. En effet, chacun de nous a son histoire, son passé et c'est difficile d'avoir une réconciliation avec ce passé. À cause de mon refoulement, je ne puis pas dire un vrai oui à Dieu. Il y a en moi beaucoup de blessures refoulées et le plus difficile est de recevoir le regard de Dieu en moi. C'est pourquoi il faut résolument me tourner vers Dieu.

V

LES CAUSES INITIALES, LES RACINES

Il n'est pas inutile de rappeler que, très souvent, nous prions pour la guérison des symptômes et non pas des *vraies causes* des maladies.

Par la guérison physique, nous sommes restés à la surface. Or, le Seigneur nous appelle *d'abord à la guérison intérieure* et donc à aller plus profondément dans ce ministère de guérison, c'est-à-dire dans LA PRIÈRE POUR LA GUÉRISON.

Il est donc important de bien discerner la ou les CAUSES EXACTES de tel ou tel comportement tordu d'aujourd'hui chez la personne qui sollicite cette prière de guérison. La partie invisible de l'*iceberg* de notre vie a parfois des kilomètres de profondeur. Et comme il y a beaucoup d'obstacles en nous, le Seigneur guérit une chose puis une autre.

L'idéal pour un chemin de guérison en profondeur est de remonter suffisamment haut pour que tout puisse être présenté au Seigneur qui nous veut debout !

Voilà pourquoi il est bon de prier par « TRANCHES DE VIE ».

J'entends par là les différentes étapes importantes de la vie d'un homme : les Ancêtres, la période prénatale, la petite enfance et puis des périodes de cinq en cinq ans, jusqu'à l'âge d'aujourd'hui.

Un mathématicien s'était amusé à faire des calculs sur le nombre d'individus qui avaient été nécessaires depuis cinq cents ans pour le faire venir au monde. Il partait du principe indéniable que pour le concevoir, lui, il avait fallu un papa et une maman, donc deux personnes qui chacune avait eu un papa et une maman. À raison de vingt-cinq ans par génération, il arrivait au chiffre faramineux de deux millions quatre-vingt-dix-sept mille cent cinquante personnes qui avaient contribué à « sa » naissance ! Toutes n'étaient pas parfaites, toutes n'étaient pas sans défaut, toutes n'étaient pas saintes !

Il n'est donc pas étonnant que ma lignée, ma famille, mes ancêtres m'aient transmis, outre la vie et beaucoup de choses positives bien sûr, quelques blessures, quelques tendances négatives, quelques distorsions.

Les ancêtres

Mes ancêtres sont toutes les personnes qui font partie de ma famille, de ma lignée. Donc, dans le sens littéral du terme, mes parents, mes géniteurs, sont mes ancêtres également, même s'ils vivent encore. Mais généralement, ce terme désigne tous ceux et celles « qui nous ont précédés », comme dit la liturgie catholique.

Nous constatons parfois que dans certaines familles, il y a, de génération en génération, une *véritable épidémie de suicides ou une lignée d'alcooliques.* Il est important que le Seigneur, écoutant notre prière, vienne enrayer tout cela !

Il y a également tout ce qui touche NOTRE RELATION À DIEU : occultisme, ésotérisme, idolâtrie, etc.

Une famille peut être marquée par un pacte qu'un arrière-grand-père avait fait dans une loge maçonnique au point de bouleverser et détruire la famille.

Nous pensons à ceux qui ont fait partie de sectes ou de sociétés secrètes ayant conclu des pactes avec les puissances des ténèbres.

Nous avons pu aussi hériter de TENDANCES CARACTÉRIELLES graves, d'inclinations mauvaises, de déviations sexuelles, d'attaches à l'alcool, à la drogue sous quelque forme que ce soit. Nous demanderons à Jésus de nous guérir de TOUTE MALADIE somatique ou psycho-spirituelle HÉRÉDITAIRE, de toute tendance à la schizophrénie, à la paranoïa, de toute angoisse née de l'insécurité, de la honte ou du sentiment d'indignité, de toute dépression et de tout pessimisme transmis par tel ou tel ancêtre.

Les blessures prénatales

Il faut aussi pouvoir comprendre à quel point l'être humain peut avoir été blessé dès le moment de sa CONCEPTION et durant tout son séjour dans le sein maternel.

Toutes ces blessures exercent une influence déterminante sur le développement de l'enfant et même sur les comportements de l'adulte qu'il est devenu.

Nous avons donc à prier Dieu de guérir non pas tellement les maladies et les comportements, mais *les racines profondes de ceux-ci.* C'est un mal profond qui affecte notre être tout entier.

Dieu veut **nous guérir entièrement.** Il sait bien qu'il n'y a de parfaite harmonie dans sa créature que lorsque « *corps, âme et esprit* » (**Thes. 5, 23**) sont vivifiés. L'homme ne pourra être complètement restauré que s'il accepte la guérison offerte par Dieu.

À tout traumatisme, à toute souffrance, à tout rejet, à toute peur vécus dans le sein maternel ou dans la petite enfance, est liée une réaction de l'être psychique qui, la plupart du temps, construit des mécanismes de défense ou se réfugie dans la peur, la révolte, la haine, etc. Il peut même avoir une réaction qui l'amène à s'enfoncer dans des choix de mort, dans un processus d'autodestruction par le sexe, la drogue, l'alcoolisme, voire même les sports dangereux.

Ce domaine des blessures prénatales et de leur guérison a été relativement peu exploré. Nous savons que l'enfant perçoit bien des choses durant son séjour dans le sein de sa mère : il pense, il est capable de faire certains choix de vie ou de mort.

Un film, « L'éveil », fut présenté à la Télévision Belge dans l'émission « *Écran Témoin* » du 14 Mars 1994 pour illustrer le débat sur **l'acharnement thérapeutique.** Il montrait une jeune maman morte, enceinte de cinq mois et demi. Elle était tenue artificiellement en vie sous respirateur pour permettre à l'enfant de respirer en elle et de vivre. Le bébé naquit à sept mois, ayant tenu sept semaines dans le ventre de sa mère cliniquement morte.

Tous les jours, durant une heure entière, le papa de cet enfant venait caresser le ventre de son épouse défunte. Il touchait ainsi son enfant, le caressait, lui parlait et lui donnait l'occasion de répondre à ses signes d'amour et d'intérêt !

C'est parce qu'il avait entendu parler d'une semblable expérience chez l'une de ses patientes que le Professeur René Van de Carr a créé à Harvard, aux États-Unis, une Université Prénatale où il put étudier à fond, faire des recherches et des expériences sur les réactions des enfants dans le sein maternel. Il a pu prouver *qu'à leur naissance*, ces bébés avaient un développement comparable à celui d'autres enfants de deux ans ! Que leur avait-on fait ? Ils avaient été caressés, on leur avait parlé longuement chaque jour, on les avait appelés en donnant de petits coups sur le ventre maternel et ils répondaient de l'intérieur à ces appels pleins d'amour et de tendresse. Ce grand Professeur a prouvé, entre autres, que ces enfants jouissaient d'un excellent développement intellectuel, ils avaient de meilleures réactions, ils étaient moins agressifs, plus éveillés et plus sociables que les autres qui n'ont pas pu profiter de tout cet intérêt pour leur PERSONNE dans le ventre maternel.

Au contraire, si la conception de l'enfant ne s'est pas faite dans l'amour, le calme et la paix, mais plutôt dans la violence, la menace, l'égoïsme, le non-amour, le petit être, conçu d'une telle union, *sait très bien* qu'il n'était pas désiré à ce moment-là.

Dieu a fait à l'homme LE CADEAU DE LA CO-CRÉATIVITÉ, mais l'homme est souvent incapable d'apprécier la valeur de ce don. Il met la main dessus, il s'en sert égoïstement et fait ainsi DÉVIER LE PLAN DE DIEU. S'il n'y a pas cette co-créativité **responsable** avec le Seigneur, l'émotivité de l'embryon sera blessée à la suite d'un rejet, de la violence, d'un avortement manqué, de l'alcoolisme, de la drogue, etc.

Le petit être fait siens tous les désirs de sa mère ; il assimile parfaitement toutes ses pensées, toutes ses peurs, ses angoisses, ses rejets. Si la maman n'a pas souhaité être enceinte à ce moment-là, le bébé *sent très bien* qu'il n'est pas désiré. Si la maman fait tout pour cacher son état, par exemple en portant des vêtements moulants pour diminuer le volume de son ventre, le bébé se sent *non-reconnu,* il étouffe. Il se développera dans le sein maternel comme un enfant non-désiré, même s'il est toléré ! Les réactions de ce petit être ne se feront pas attendre. On le rejette ? Eh bien, il va rejeter à son tour en devenant très remuant dans le sein maternel. Il va donner beaucoup de coups de pieds... Il va ensuite tout simplement refuser de naître car il se sent menacé ! Et, s'il naît quand même, parce qu'on l'aura expulsé, il va refuser de prendre le sein maternel. C'est le signe évident d'un sentiment profond de rejet chez cet enfant.

Les tranches de vie

1. La petite enfance

Nous savons bien aujourd'hui, que, dans la vie d'un homme, les années les plus marquantes sont celles qui vont depuis le moment de la conception jusqu'à l'âge de sept ans environ. Et c'est normal car l'enfant est un être innocent et confiant ; il est malléable, il croit tout et ne critique rien tant qu'il ne se sent pas agressé dans sa confiance ou trahi dans l'amour qu'on lui porte. Mais à partir du moment où il se sent agressé d'une manière ou d'une autre, il construit toute une série de MÉCANISMES DE DÉFENSE et il va enregistrer les événements de son histoire de manière négative et tordue.

Dans l'énumération des diverses mémoires blessées, (auditive, visuelle, etc), j'ai déjà suggéré la possibilité de blessures pouvant s'être imprimées dans l'inconscient dès la prime enfance.

Ainsi, un petit enfant qui, à longueur de journées et parfois de nuits, n'entend que cris et injures, ne voit que scènes de ménage, coups qui pleuvent ou assiettes qui volent, comment voulez-vous qu'il soit calme et pacifié ? Il ne pourra jamais croire qu'il est aimé. Or, Dieu nous a créés pour d'abord **être aimés** et ensuite **pour aimer.**

Ce besoin absolu d'être aimé et d'aimer est inscrit dans la nature humaine. Il est attisé et affiné par la vie de la grâce. On ne peut, en effet, avoir été créé par Celui qui est Amour sans que cela laisse en nous une trace ineffaçable. D'où notre grande faim et soif d'amour à recevoir et à donner.

Voilà pourquoi les personnes qui souffrent de blessures intérieures engendrant image négative de soi, complexes, sentiment de culpabilité ou angoisse, sont au départ incapables d'entendre cette vérité que leur dit le Seigneur Dieu :

« *Tu as du prix à mes yeux, tu comptes beaucoup pour Moi et Je t'aime* » (**Isaïe 43, 4**), de la recevoir, de l'accepter pour elles-mêmes. Ce n'est que petit à petit, très lentement, en recevant écoute, amour et tendresse de la part d'une personne *aimante et priante*, en bénéficiant de tout un travail de reconstruction de la personnalité que ces blessés de la vie finiront par accepter progressivement de se laisser aimer par les êtres humains d'abord, par Dieu ensuite. Ils pourront, alors seulement, libérer l'énorme potentiel d'amour qu'ils avaient cadenassé en eux pour enfin en faire don aux autres.

Ce refus d'amour est source d'une souffrance parfois terrible et même intolérable. Il détruit !

2. *L'enfance*

Quant à **l'enfant** que nous avons été, il n'est pas tombé pour toujours dans l'oubli. Il continue à vivre en nous, influençant nos actes et nos sentiments. Quelque soit notre âge aujourd'hui, nous portons en nous un ensemble de sentiments, d'attitudes et d'habitudes qui nous viennent de notre enfance.

Même si notre raison d'adulte nous permet d'évaluer une situation, l'enfant que nous sommes toujours la déforme à travers l'émotionnel provoqué par ses expériences passées : angoisses, doutes, peurs. Dès lors nos décisions sont fortement entravées.

C'est une grave erreur de croire qu'à un certain moment de notre vie, nous cessons d'être un enfant pour devenir un adulte pour toujours. Cette croyance erronée peut perturber gravement l'existence affective d'un être humain.

Ayant souvent entendu durant notre enfance des paroles du genre « *Agis comme un vrai homme* » ou bien encore « *Une grande fille ne pleure pas »,* le souvenir de tels interdits nous empêche aujourd'hui de vivre normalement nos émotions quotidiennes.

Toutes ces émotions réprimées sont demeurées enfouies au plus profond de nous, même si nous avons déjà des cheveux gris !

Pourquoi, à votre avis, Jésus nous a-t-il enseigné : « *En vérité, je vous le dis, si vous ne changez pas pour devenir* COMME DES ENFANTS, *vous n'entrerez pas dans le Royaume des cieux* » (**Mt. 18, 3**). Si vous ne retournez pas à *l'état d'enfance* ! Cela n'a rien à voir avec l'infantilisme ou la puérilité. Jésus nous demandait par là de garder en nous les facultés proches de l'enfance, nous permettant ainsi d'être plus sensibles à la présence de Dieu. Si nous voulons rester ouverts au monde spirituel, il nous est nécessaire de pouvoir exprimer les émotions de cet enfant que nous sommes encore, la confiance envers les autres, le don d'émerveillement, etc.

Et si cet enfant en nous a été blessé, seul l'amour de Jésus-Christ, unique Sauveur, peut venir guérir en nous tout ce qui a besoin de l'être.

3. L'adolescence

C'est la période comprise entre douze et vingt ans. Elle marque le passage de l'enfance à l'âge adulte. Pour beaucoup, c'est une période extrêmement douloureuse à cause de tensions très fortes tant intérieures qu'extérieures. Être jeune, c'est généralement affronter des crises et des problèmes au quotidien, c'est essayer de démêler et de maîtriser un tant soit peu des sentiments qui les dépassent.

Les adolescents se débattent au milieu des nombreuses pulsions et impulsions de leur système nerveux, de leur système hormonal. Ils doivent subir une croissance accélérée et supporter une foule d'émotions auxquelles ils n'étaient pas habitués.

Pour corser l'histoire, les adultes leur demande d'être performants en classe, de *savoir ce qu'ils veulent,* de décider de leur avenir, quand ils ne décident pas carrément à leur place !

Que de sources de tensions entre les parents et leurs enfants ! Le désir de se libérer de l'influence parentale (*ne les appellent-ils pas 'les vieux' alors que leurs parents ont à peine quarante ans ?)* le besoin de prendre librement des décisions, le désir de suivre son propre chemin et de se réaliser ne datent pas d'hier : la belle histoire du « Fils prodigue » de l'Évangile est bien là pour nous le rappeler. Avant lui, il y en eut bien d'autres !

Si elle engendre un comportement destructeur, la confrontation de l'adolescent avec ses parents peut se répercuter jusque dans l'âge adulte. Les séquelles des problèmes surgissant dans les familles qui n'ont pas permis que s'extériorisent les sentiments, où l'on a occulté les émotions par toutes sortes de subterfuges, peuvent plus tard se révéler comme un lourd handicap dans la vie relationnelle.

Les jeunes et les adolescents qui n'ont jamais pu s'exprimer parce que les parents ne prenaient pas le temps de les écouter sans les juger d'avance, les jeunes qui n'ont jamais pu compter sur un père ferme et bon parce qu'il était toujours absent, les adolescents qui sentent que leurs parents démissionnent alors qu'ils attendaient d'eux l'exigence d'une saine discipline comme preuve d'amour, seront tous profondément blessés et généralement sujets aux sentiments d'angoisse et d'insécurité.

Si, à l'âge adulte, ils comprennent la cause de certains comportements tordus, la véritable guérison et la libération vraie ne peuvent intervenir que lorsqu'ils auront invité Jésus à panser leurs blessures, à combler ces béances d'amour et de compréhension, et à les affranchir des chaînes de leur passé.

4. *L'âge adulte*

Cette dernière étape est généralement la plus longue de notre vie. Ce laps de temps n'est pas exempt de blessures, c'est évident, mais il offre aussi de riches perspectives de développement affectif et spirituel si nous optons et décidons pour une évolution progressive et constante. Nous avons des choix à faire, des problèmes nouveaux à affronter, de nouvelles responsabilités à assumer. Ainsi, tout cela s'avère extrêmement bénéfique pour avancer sur le chemin de la maturité.

En acceptant de poursuivre notre croissance, nous pouvons faire la lumière en nous. Nous ne chercherons pas à fuir nos problèmes ou à trouver des compensations.

Si affronter la réalité n'est pas toujours admis par le monde d'aujourd'hui, ne pensons pas pouvoir échapper à nos problèmes dans les palliatifs tels que la drogue, l'alcool ou la débauche. Cela n'apporte ni paix, ni joie, ni amour à nous-même ou à notre monde. Nous retarderons tout simplement la guérison dont nous avons TOUS besoin. Rejetons fermement l'idée que les problèmes que nous affrontons dénotent une certaine instabilité, ce ne sont en fait que des périodes intermédiaires nécessaires à notre évolution.

De même, écartons tout comportement qui tendrait à ignorer les problèmes qui sont les nôtres. Ce serait tout simplement utopique.

Osons en parler, acceptons de partager ce que nous vivons avec quelqu'un en qui nous avons confiance : un ami, une amie, un accompagnateur ou une accompagnatrice avec qui partager nos pensées, nos sentiments les plus intimes, nos peurs, nos angoisses, nos déceptions ou nos espérances. Nous bénéficierons alors de force et de soutien. Le fait de parler et de se dire devant un autre ou une équipe d'écoute-prière conduit à la lumière, nous permet de nous regarder sans nous juger et surtout d'accepter que nous ne sommes pas un cas, mais une personne humaine pour qui Jésus a versé Son Précieux Sang afin que nous soyons guéris et libérés.

Pourquoi tant de gens, et des jeunes en particulier, rejoignent-ils les rangs des nombreuses sectes sinon parce qu'ils ressentent le besoin d'appartenir à une *communauté unie*, de vivre entre personnes qui s'aiment et osent se le montrer ? Ils croient ne plus avoir à qui parler dans le cadre des structures habituelles, familles ou Églises. Et cependant ce besoin est ancré dans le cœur de chacun. Les relations que nouent entre eux les êtres humains s'avèrent absolument vitales. Ne dédaignons pas le fait qu'un manque d'amour, à un moment ou à un autre de notre vie, puisse altérer notablement nos comportements et même jusqu'à notre état de santé physique, mentale et spirituelle.

Il est difficile d'ouvrir notre cœur à Dieu quand nous ne pouvons ou ne voulons pas l'ouvrir à d'autres êtres humains. Ce refus de l'amour de nos semblables rend très hypothétiques nos rapports avec Dieu, en effet « *Celui qui n'aime pas son frère qu'il voit, ne saurait aimer le Dieu qu'il ne voit pas* » (1 Jn. 4, 20).

Par contre le soutien affectueux de ceux qui nous entourent, en nous permettant de nous exprimer, sans crainte d'être jugés ou catalogués, peut notablement accélérer le processus de guérison et de libération. Jésus ne nous a jamais trompés en prétendant que le chemin serait facile ; Il nous a dit qu'il nous fallait porter notre croix, chaque jour. Mais Il nous a offert le soutien de Son Amour au moindre appel de notre part. C'est à nous qu'incombe la responsabilité de « crier, chercher, frapper pour trouver ».

VI

LES SACREMENTS, SOURCE DE GUÉRISON

Le jour de la Pentecôte, grâce à l'effusion de **l'Esprit-Saint**, l'Église est manifestée au monde.

Comme le dit clairement la **Constitution sur la Sainte Liturgie** (*Sacrosanctum Concilium*) au n°6 : « *C'est pourquoi, de même que le Christ fut envoyé par le Père, ainsi Lui-même envoya ses Apôtres, remplis de l'Esprit-Saint, non seulement pour que prêchant l'Évangile à toute créature, ils annoncent que le Fils de Dieu, par sa mort et sa résurrection, nous a délivrés du pouvoir de Satan ainsi que de la mort, et nous a transférés dans le Royaume de son Père, mais aussi afin qu'ils exercent cette œuvre de salut qu'ils annonçaient, par le sacrifice et les* SACREMENTS *autour desquels gravite toute la vie liturgique* ».

Le don de l'Esprit inaugure un temps nouveau, le temps de l'Église durant lequel le Christ manifeste, rend présent et communique son œuvre de salut par la liturgie de son Église « *jusqu'à ce qu'Il revienne* » comme dit saint Paul en 1 Co. 11, 26. Durant ce temps nouveau, le Christ vit et agit dans et avec son Église d'une manière également nouvelle, propre à ce temps. Il agit par les Sacrements. Moyens « inventés » par Jésus Lui-même et son Église pour nous communiquer les fruits du mystère pascal du Christ et nous faire vivre, selon l'expression de la tradition commune de l'Orient et de l'Occident, « l'économie sacramentelle ».

Parcourons donc rapidement les Sacrements mis à la disposition des croyants comme sources de **guérison**, étant entendu que nous employons ce mot dans le sens de *la guérison complète* de notre être.

La découverte la plus bouleversante qu'ont faite les chrétiens à travers le courant du renouveau spirituel de la Foi est **celle de Jésus Vivant.** Le Fils du Dieu vivant est *vivant aujourd'hui.* *« Ce n'est pas des morts mais des vivants qu'Il est le Dieu ! »* (**Mt. 22, 32**).

Cette première découverte permet d'en faire une autre plus bouleversante encore, à savoir que **Dieu aime ses enfants** d'un Amour concret, réel, capable de combler et de transformer une vie. Dieu veut faire irruption dans notre vie par l'action de l'Esprit-Saint. Il veut mettre de l'ordre en nous, nous restaurer, nous guérir, nous faire renaître : c'est son désir de Créateur.

Pour tout chrétien qui vit sa Foi, LE SEUL BUT À ATTEINDRE est de *« parvenir à l'état d'homme parfait, à la taille de la maturité du Christ »* (**Ep. 4, 13**).

Parce que chacune de ses créatures est unique à Ses yeux, le Seigneur va employer une pédagogie unique pour chacune d'entre elles. Dans la mesure où elles acceptent Son intervention, Il va mettre de l'ordre dans leur vie à partir du moment de la conception jusqu'à l'âge adulte. Avec leur accord, c'est Lui qui prend l'initiative de guérir, quand Il voudra, ce qui est prêt à l'être. Le plus important à retenir, c'est qu'Il tient en Sa main toute la trame de notre histoire. Il est bien le Seul qui puisse nous restaurer en profondeur, sans laisser de cicatrices qui pourraient se rouvrir à chaque instant.

Il nous restaure par les Sacrements qu'Il met à notre disposition et par les prières de guérison et de libération.

Commençons d'abord par les Sacrements. Nous aborderons les prières de guérison dans un autre chapitre.

Le Baptême

Quand nous pensons à Dieu, il est important d'aller à l'essentiel. Cet essentiel, c'est ce qu'on appelle **la création.** C'est aussi ce que l'on nomme **la nouvelle création** c'est-à-dire **le salut.** Créer et sauver sont deux actes conjoints car sauver l'homme, c'est encore une manière pour Dieu de le créer.

Se faire baptiser, c'est laisser Dieu achever en nous ce qu'Il a commencé. Par l'initiation chrétienne, Dieu applique à chacun de nous ce qu'Il veut faire avec tout le monde. Il nous fait partie prenante et active de son projet créateur et re-créateur.

Certains pourraient penser qu'il s'agit là d'une sorte de privilège réservé à quelques-uns et qui porte atteinte à l'amour universel que Dieu a pour tous les humains.

Mais il faut bien voir le problème : **l'offre du Salut,** c'est-à-dire la proposition de vivre dans l'esprit du Royaume, Dieu la fait à **tout le monde** et l'actualise de bien des manières dans l'Histoire de l'humanité.

L'initiation chrétienne, et donc le sacrement du Baptême comme démarche d'entrée dans la vie chrétienne, est une des façons dont Dieu offre à chacun son invitation personnelle. Elle n'est pas la seule façon pour Dieu d'aimer et de sauver le monde, mais elle reste **INCOMPARABLE** et est celle qui va au plus profond du Mystère du Christ.

C'est Dieu qui a l'initiative et qui veut constituer dans le monde un peuple témoin, un rassemblement qui soit le

Corps de Son Fils. Un peuple de témoins de ce que Dieu veut faire pour TOUS LES HOMMES. Un peuple qui accepte que sa vie soit témoin pour que toute l'humanité puisse autant que possible être recréée, restaurée par Dieu. C'EST JESUS QUI APPELLE tous les hommes à recevoir le Baptême que Lui-même a reçu. Tout homme qui répond à cet appel de Jésus et SE FAIT BAPTISER reconnaît qu'il est pécheur et confesse qu'il croit à **la Bonne Nouvelle.** *« Celui qui vient après moi, dit Jean Baptiste, baptisera dans l'Esprit et le Feu. »* **(Mt. 3, 11).**

Jésus baptise dans l'Esprit : c'est-à-dire qu'en nous donnant son Esprit, Il fait de nous les enfants adoptifs du Père.

Jésus nous baptise dans le feu : d'une part, Il brûle ce que nous avons adoré, toutes nos idoles *« faites de main d'homme » ;* d'autre part, Il brûle ce que nous avons été : des pécheurs ; Il brûle notre égoïsme, notre orgueil, notre suffisance, notre injustice ; **Il nous délivre du péché originel.**

Voilà pourquoi du Baptême chrétien naît un homme nouveau, un homme sauvé, un homme restauré, reconstruit, qui vit de la Pâque du Christ, qui accueille l'Esprit du Christ et devient de ce fait temple de l'Esprit-Saint.

C'est l'**amour de Dieu pour les humains** qui les rend fils et filles de Dieu en Jésus et en Son Esprit.

Les **non-chrétiens** peuvent eux aussi, vivre de façon filiale à l'égard de Dieu, *même obscurément,* car s'ils n'ont pas la possibilité REELLE de croire en l'Évangile de Jésus-Christ, ils sont associés au Mystère pascal du Christ et donc à sa filiation.

Tout homme est créature de Dieu et donc reste plongé, baptisé dans sa Tendresse et vit par son Souffle, qu'il le veuille ou non, qu'il le sache ou non !

Mais les SACREMENTS DE LA FOI rendent **enfants de Dieu** d'une manière spécifique, en nous associant à la responsabilité historique du Christ, en nous faisant prendre part à la Pâque du Christ et en portant en notre vie l'Esprit du Christ, souffle de l'Évangile.

Nous sommes par notre Baptême, plongés dans l'engagement historique de Dieu. Jésus a dit à Nicodème: «*Nul ne peut entrer dans le Royaume de Dieu s'il ne* RENAÎT *de l'eau et de l'Esprit*» (**Jn. 3, 3**).

Il est évident que l'Esprit-Saint agit également en dehors des limites visibles de l'Église et c'est justement là le travail des missionnaires et de tous les témoins de l'Évangile de nos jours, c'est de croire à cette action de Dieu dans le secret des cœurs, d'aller à sa rencontre et de L'annoncer pour Le faire connaître.

La Foi donne un sens à l'existence et nous aide à y conformer notre vie. Elle nous permet de lutter avec courage parce que, par elle, nous savons que nous construisons un Royaume qui ne passera pas. La Foi nous permet, lorsque nous sommes essoufflés, écœurés ou découragés, de refaire notre plein d'amour en puisant dans l'Amour du Christ par la prière et les Sacrements, de «*puiser l'Amour à sa source*» (Jacques Lebreton, cf. *Sans yeux ni mains*).

La première création n'a eu lieu qu'en vue d'une **nouvelle création** par laquelle un fils d'homme devient Fils de Dieu. «*Si quelqu'un est dans le Christ, il est une créature nouvelle*» (2 Co. 5, 17). Cette réalité nouvelle n'est ni plus ni moins que «*la participation à la nature divine*» (**2 P, 1, 4**).

Par le Baptême, nous sommes appelés à ne faire qu'un avec Jésus-Christ, Fils de Dieu. C'est en Lui, personnellement, que nous trouvons la rémission de nos péchés, la réconciliation avec Dieu et avec les autres et donc la restauration de notre être tout entier. C'est de Lui que nous recevons l'adoption divine, le don de l'Esprit-Saint, la vie nouvelle, la grâce.

D'où l'importance de **rencontrer Jésus-Christ et de ne faire qu'un avec Lui!** Comme le disait Jésus à Nicodème

« nul s'il ne renaît de l'eau et de l'Esprit » : cette seconde création, c'est ce qui est né de l'Esprit, c'est la naissance d'en haut ; cette naissance par laquelle un fils d'homme devient Fils de Dieu !

Il convient cependant, de ne pas enchaîner l'action divine de l'Amour ni dans les Sacrements, ni même dans l'Église. **Dieu n'est pas lié aux sacrements** puisque c'est Lui qui les a institués. L'Esprit-Saint peut suppléer l'eau du baptême puisque, précisément, Il souffle où Il veut, même là où il n'y a pas d'eau, même là où il n'y a pas d'Église.

Dieu veut que TOUS les hommes soient sauvés. C'est pourquoi, il y a trois formes d'un **unique** baptême :

1) *Baptême de sang :* donner sa vie, baigner dans son sang POUR LE CHRIST.

2) *Baptême de désir :* ou le baptême de sincérité : c'est le baptême de l'Esprit seul qui inspire à qui Il veut un commencement de bonne volonté. Il ne comporte aucune connaissance explicite de Jésus-Christ, ni de l'Église, ni du baptême d'eau.

3) *Baptême d'eau :* qui est le Baptême rituel officiel.

Notons toutefois que le Baptême de désir N'EST PAS le désir du Baptême, puisque cette humanité non-évangélisée ne connaît pas le baptême. Mais pour que tous ce hommes soient plongés dans l'événement du Salut et donc baptisés de désir, il leur suffit d'une certaine conscience : la conscience tout simplement qui appelle chacun à faire ce qu'il croit devoir faire.

Tout homme qui, pauvrement, suit les lumières de sa conscience, est baptisé du baptême de désir, parce que ces lumières, si faibles soient-elles, sont concrètement la volonté de Dieu sur lui. Dieu ne lui demande pas autre chose que de suivre sa conscience, fut-elle ignorante ou erronée. Pour lui et à son niveau, sa conscience est la vérité, or, dit Jésus : *« celui qui fait la vérité, vient à la lumière »* **(Jn. 3, 20)**.

Ne tombons cependant pas dans l'erreur de croire, en fin de compte, que le Christianisme, l'Église et ses Sacrements ne sont qu'**une religion parmi d'autres.** Tous les hommes, en effet, sont plongés dans le sang du Christ et tous les hommes sont plongés dans ce don de l'Esprit. Dieu est tellement avide du bonheur des hommes que tout homme qui, un jour ou l'autre, répond « oui » selon ses lumières, entre dans l'Alliance du Salut ; il devient donc un être en voie de restauration de tout son être. La grâce doit tôt ou tard éveiller une conscience, provoquer une réponse libre, créer une relation. Il ne faut donc pas prétendre que l'inconscience de la plupart soit sans importance. C'est tôt ou tard, soit en ce monde, soit dans l'autre que la réponse devra être donnée.

« La richesse de l'événement baptismal est inépuisable : tous les théologiens se sont penchés sur lui pour le comprendre davantage... Dans le baptisé, le péché est détruit par la puissance de la croix qui a vaincu le mal. Le mystérieux péché originel avec lequel nous venons tous au monde, le baptême le supprime... Nos vertus morales naturelles sont elles-mêmes affûtées : ce qu'il y a de meilleur en nous est éveillé et stimulé[1]. »

Dans la réalisation du Salut voulu par Dieu pour tous les hommes, le baptême constitue l'**étape décisive** où le Christ, Salut du monde, dévoile à un homme Son visage, devient pour lui le Seigneur. Il est l'aboutissement d'une découverte : LA REVELATION.

Or la Révélation N'EST PAS une INFORMATION THEORIQUE sur des vérités à croire et des commandements à pratiquer, mais DECOUVERTE DE DIEU ! **Dieu est devenu quelqu'un tout à coup** à travers le cœur du Christ. Cette révélation se fait *dans l'Église et par l'Église ;* c'est elle à qui le Christ a

1. Extrait de *Le jardin des sept sources,* Card. Godfried DANNEELS, p. 20-21.

donné mission et grâce : « *Allez, de toutes les nations faites des disciples* » ! **(Mt. 28, 9)**.

Nous pouvons lire dans les ***Actes du 2e Concile du Vatican :***

« *Et tous ceux qui croient au Christ, Dieu a décidé de les convoquer pour former la Sainte Église… Elle a été fondée aux derniers temps, elle s'est manifestée par l'Effusion du Saint-Esprit, et, à la fin des siècles, elle trouvera sa consommation dans la gloire… Les hommes qui n'ont pas accueilli l'Évangile, se trouvent rattachés au peuple de Dieu par des relations diverses.*

En premier lieu, vient ce Peuple auquel furent accordées les alliances et les promesses, et dont le Christ est né selon la chair ; ce peuple est très aimé, comme le prouve son élection, à cause de ses pères, car les DONS ET L'APPEL DE DIEU SONT IRRÉVOCABLES.

Mais le dessein de Dieu enveloppe aussi les hommes qui reconnaissent le Créateur, en premier lieu les Musulmans qui, professant la Foi d'Abraham, adorent avec nous le Dieu unique, miséricordieux, qui jugera l'humanité au dernier jour.

Et quant aux autres, qui cherchent le Dieu inconnu à travers les ombres et les images, Dieu n'est pas loin d'eux non plus, puisque c'est LUI QUI DONNE À TOUS LA VIE, LE SOUFFLE ET TOUT LE RESTE, *et puisque, étant Sauveur,* **Il veut que tous les hommes soient sauvés…** *La Providence divine ne refuse pas les secours nécessaires au salut à ceux qui,* SANS FAUTE DE LEUR PART, *ne sont pas encore parvenus à la connaissance explicite de Dieu et s'efforcent de mener une vie droite, ce qu'ils ne peuvent faire sans la grâce de Dieu.*

En effet, tout ce qu'on trouve chez eux de bon et de vrai, l'Église le considère comme une préparation à l'Évangile et comme un don accordé par Celui qui éclaire tout homme pour que, finalement, il ait la vie[2]. »

---

2. Extrait de Constitution dogmatique sur l'Église : *Lumen Gentium,* n° 2, 3, 16.

La Réconciliation

Le Baptême, avons-nous vu, est le Sacrement d'initiation à la vie chrétienne, Il nous met en route avec le Seigneur Jésus comme Sauveur personnel. C'est le *sacrement qui restaure* en nous l'image de Dieu qui a été défigurée par le péché originel. Mais ce n'est pas parce que nous sommes appelés à cette sainteté-là que nous sommes devenus subitement « impeccables ». Ne devons-nous pas, au début de chaque Eucharistie, reconnaître que *« nous sommes pécheurs »* ? C'est notre état, ce sont nos limites. Et lorsque nous avons à nouveau terni cette image restaurée en nous, Dieu, Notre Père plein de tendresse, est prêt à nous pardonner, il n'attend qu'une démarche de Foi de notre part. Ses bras paternels sont grand ouverts, Il n'attend qu'un geste: que nous nous jetions dans ses bras et que nous lui demandions pardon.

C'est ce que nous vivons dans ce merveilleux Sacrement que Vatican II a, fort heureusement, renommé **sacrement de Réconciliation.**

Nous sommes invités à revitaliser ce sacrement non pas à force d'effort intellectuel, mais en essayant pour cela de grandir dans la Foi, et comme le répétait le pape Jean-Paul II, la Foi n'est pas le produit d'un langage scientifique, c'est **un don gratuit** qui nous vient de la prière. Quand nous demandons dans la confiance, nous recevons. Jésus est fidèle à sa promesse, et quand le peuple de Dieu commence à prier, tout recommence à naître à nouveau.

Ce ne sont pas des techniques qui peuvent faire quelque chose, c'est le travail de l'Esprit-Saint. Et dans la prière, l'Esprit-Saint vient nous renouveler dans la Foi.

Dans ce Sacrement, Jésus vient nous visiter pour nous offrir son **pardon**, qui est le plus beau des cadeaux. C'est le cadeau de Jésus Ressuscité.

Le bon larron, fixé sur sa croix, en voyant dans ses yeux la grande bonté de Jésus, lui a dit : « *Rappelle-toi de moi quand tu seras dans ton Royaume* ». Et Jésus ne lui a pas dit : « *Bien, on va réfléchir. On va y penser comme il faut, car tu avoueras que ton passé est assez chargé !* » Jésus lui a dit tout de suite :

« AUJOURD'HUI MÊME, TU SERAS AVEC MOI AU PARADIS ! »

Il ne lui a pas dit : « Je vais en parler à mon Père en arrivant là-haut ! » Jésus n'a-t-il pas dit : « *Tout pouvoir m'a été donné au ciel et sur la terre* » (**Jn**, 17, 2). Et quand un chrétien fait une démarche pour demander pardon, Jésus lui dit aussi : « Entre dans le Royaume de mon Amour. Aujourd'hui même, tu entres dans le Royaume de ma miséricorde. »

Jésus apparaissant à ses Apôtres, leur a fait le don du **pardon,** il leur a fait cadeau de l'expérience du pardon ; Jésus Ressuscité jamais ne leur a demandé : « P*ourquoi m'avez-vous laissé tomber ? Lâcheurs !* »

JAMAIS ! Il leur a dit, au contraire : « *Je compte sur vous, je sais que vous m'avez abandonné, mais je compte sur vous ! Et toi, Pierre, je sais que tu m'as renié, mais j'ai encore besoin de toi* ». Et Il les a envoyés dans le monde entier annoncer la Bonne Nouvelle.

Il y a deux types de religiosité : l'un pourrait être appelé « égocentrique » et l'autre « théocentrique ». Dans le premier cas, l'homme concentre son attention sur lui-même. Il ne prend pas Dieu en considération, mais uniquement sa propre situation. Il va se confesser dans l'idée de se purifier parce que son péché lui pèse, et aussi pour être « en règle » avec Dieu. Pour un tel homme, ce sacrement peut devenir simplement une *« aspirine »* spécifique contre le mal de conscience, une pilule qui doit l'apaiser et lui restituer le bien-être moral. Il y a donc **une concentration continuelle sur soi**. Un tel homme, quand il reçoit l'absolution, quitte le prêtre pas complètement triste peut-être, mais pas complètement joyeux non plus, car il est encore et toujours concentré sur le mal dont il vient à peine de se décharger.

Si nous méditons tout le cheminement de Judas dans l'Évangile (**Lc. 22**), nous pouvons découvrir dans son comportement après sa trahison de Jésus, presque tous les éléments de la Réconciliation ! Il y a *l'examen de conscience*, car Judas réfléchit sur ce qu'il a fait et prend conscience du mal qu'il a commis. Il y a aussi *le regret* : Judas regrette vraiment, il veut même changer, il y a donc résolution de s'amender. Il y a aussi *l'aveu du péché* quand Judas va chez les grands prêtres et avoue : *« J'ai péché en livrant un sang innocent »* (**Mt. 27, 4**). Il y a même *la pénitence* (réparation) puisqu'il jette aux grands prêtres les trente pièces d'argent qu'il a reçues d'eux. Il ne veut pas le prix du sang. On peut dire que presque tout ce qui se passe dans la Réconciliation apparaît dans le comportement et l'attitude de Judas. **Une seule chose** cependant **manque**, la plus importante ! Judas n'a pas ***foi en la miséricorde de Jésus***. C'est pourquoi toutes ces démarches de Judas sont si tristes, tragiques même, et se terminent par le désespoir et le suicide !

Quand nous vivons ce Sacrement de la Réconciliation, vivons-le comme Pierre qui, lui aussi, avait trahi Jésus, mais qui a cru en la miséricorde du Christ. Il a croisé Jésus au prétoire et il a accepté le regard de Jésus sur lui. Ce regard en disait long et Pierre y a senti toute la miséricorde de Dieu qu'il a acceptée pour lui-même. Ce péché est devenu un point de départ pour découvrir la miséricorde divine.

Combien nous croyons peu en ce désir qu'a Dieu de nous pardonner sans cesse !

Jésus vient nous offrir son **Pardon** qui est le plus beau des dons. Il vient aussi nous **guérir** de tout ce que nous pourrions porter comme blessure intérieure, et nous **délivrer** de tous ces assauts sournois du malin qui rôde autour de nous. Voilà ce que nous célébrons dans ce merveilleux sacrement de la Miséricorde de Dieu.

Ce sacrement est un sacrement de guérison vraie. Nous nous rendons bien compte que l'accusation d'une liste de fautes, correspondant à une liste de permis et de défendus, suivie d'une absolution, ne suffit pas à régler les problèmes intérieurs et encore moins à changer de vie. La plupart des péchés s'enracinent en effet dans une situation spirituellement maladive. Ce sacrement ne retrouve donc son rayonnement qu'en redevenant vraiment le **lieu de guérison intérieure** permettant au pardon de *descendre jusqu'aux racines.*

C'est ce que Jésus vient faire dans nos vies par ce merveilleux sacrement de sa tendresse*:* non seulement, Il nous **pardonne** nos péchés, mais Il veut aussi **guérir** notre *mémoire négative du passé*, Il veut aussi guérir *toutes les blessures psychologiques* qui sont dans notre subconscient, et enfin Il veut nous **délivrer**, nous libérer des nombreux liens amassés durant notre vie. Il y a donc *trois niveaux dans ce Sacrement.*

A. Le pardon du péché

Nous lisons dans **Luc 15, 1-2,** que les Pharisiens récriminaient contre Jésus parce que *« cet homme fait bon accueil aux pécheurs et il mange avec eux » !* Trois paraboles répondent à cette accusation, Jésus n'y fait que traduire en acte la volonté de Dieu, son inquiétude pour les égarés et sa joie quand ils reviennent. C'est la parabole de la **brebis perdue** (Luc 15, 3-7), puis celle de la **drachme perdue** (Lc 15, 8-10) et la belle parabole du père de **l'enfant prodigue.** Luc nous a montré spécialement la miséricorde de Dieu (Lc 6, 36-38) et Jésus nous a invités à être miséricordieux comme notre Père est miséricordieux.

En m'approchant de Dieu pour me confesser, je dois d'abord **confesser la miséricorde de ce Dieu de Jésus-Christ**; je confesse, c'est-à-dire que je proclame bien haut que j'ai un Père dans les cieux qui m'aime et est plein de joie en me voyant venir à Lui dans la confiance. Je célèbre, je proclame, je confesse le cœur plein de miséricorde de mon Dieu. Je confesse que Jésus me sauve aujourd'hui, en reconnaissant concrètement des appels qu'Il fait dans mon cœur. Je sens que Jésus m'appelle à plus de patience, à plus de disponibilité, à plus de pureté. *C'est la face positive de mes péchés.*

Il y a une manière négative de réfléchir sur nos péchés, de constater le mal commis, de regretter les fautes passées, qui affaiblit, qui paralyse, qui décourage complètement. C'est comme si on contemplait un vaste champ de ruines après un long bombardement, comme la morne constatation d'une faillite irréparable, d'un échec total et définitif. NON ! Il ne s'agit pas de raviver un passé défunt, de fouiller dans du fumier ou des marécages ! Ce Sacrement, au contraire, est **un lieu de rendez-vous privilégié** où je fais une expérience formidable de rencontre de Jésus miséricordieux comme son Père. Nos fautes sont des routes qui nous conduisent à Dieu puisque c'est par leurs chemins que nous est venu son pardon. Chaque faute est un sentier mystérieux que la miséricorde divine a suivi pour nous rejoindre ! Nos péchés pardonnés doivent être un lien nouveau qui nous rattache à Dieu par le Christ.

B. Délivrance des liens

Ensuite, il y a **la prière de délivrance des liens** nombreux amassés durant notre vie. Ils sont concentrés dans une *zone d'inconscient* où se jouent tant de réalités spirituelles, où tant de liens, où tant d'habitudes peuvent rester de la part des péchés de notre race, de notre famille, et auxquels s'ajoutent nos péchés personnels. C'est la zone de tous les liens qui peuvent abîmer nos relations avec le monde spirituel et paralyser ou dévier nos attitudes (masturbation, alcoolisme). Tout prêtre a le pouvoir de lier et de délier, il a donc le **pouvoir de faire cette prière de délivrance.** Plus l'habitude est longue et plus il sera difficile de sortir de ce lien ; pour les briser, il faut une prière spécifique qui va les rompre, les casser. Ces liens doivent donc être **brisés** après l'absolution, pour libérer la personne. C'est le Seigneur qui libère, c'est Lui le Libérateur de nos âmes. Le prêtre prie dans la Foi, se laisse conduire par l'Esprit, mais c'est le Seigneur qui agit. Plusieurs guérisons d'alcoolisme sont arrivées après avoir brisé le lien de l'alcool. Mais cela n'arrive pas chaque fois parce qu'il peut y avoir d'autres causes qui empêchent le Seigneur d'agir. Je pense particulièrement à toutes ces personnes qui demandent des prières, certes, mais qui en même temps vont trouver des cartomanciennes, se livrent à la magie ou à l'occultisme ou font de la radiesthésie une véritable religion.

Entre occultisme, spiritisme et **vie spirituelle authentique**, c'est comme entre l'eau et le feu. Là où il y a l'un, l'autre ne peut pas rester ! Et quand une personne est allée voir un guérisseur de cette espèce, il y a un fort lien, il y a quelque chose qui bloque cette personne dans sa vie spirituelle. Il faut briser !

C. Guérison des blessures

Enfin, après l'absolution des péchés, la délivrance des liens, nous avons **la prière de guérison des blessures spirituelles et psychologiques.** Ces blessures se trouvent dans une *zone de l'inconscient* où se ramassent les traumatismes et tous les blocages, les blessures qui viennent depuis peut-être longtemps dans la vie d'un homme. C'est une zone de perturbations qui est la suite de blessures même très anciennes et qui agissent sur nos relations et nos comportements. Ces blessures peuvent même remonter à la période prénatale car, dans le sein maternel nous pouvons avoir subi d'énormes blessures par exemple de non-accueil ou d'abandon, dont nous subissons encore aujourd'hui les graves conséquences.

On est parfois exposé à avoir des réactions qui nous dépassent, et, tant qu'on n'a pas compris ce phénomène, on s'accusera pendant très longtemps des mêmes péchés parce qu'on n'aura pas découvert la blessure au niveau de l'inconscient.

On voit donc clairement la **distinction** entre ce qui est **péché**, qui a donc besoin du pardon du Seigneur, et puis ce qui est **racine** de cela et qui est **le traumatisme ou la blessure** parce que, sans doute, il y a eu un événement grave, quelqu'un qui a été choqué et qui va porter cela toute sa vie.

Dans le temps de l'anamnèse, ou remontée des souvenirs du passé, on perçoit rapidement ce qui pose question, mais il faut évidemment que le prêtre ait une attitude d'écoute intérieure, de prière, de soumission à l'Esprit-Saint parce que, à un moment donné, à travers ce que la personne dit, le Seigneur signale ce qu'Il veut guérir, le **lieu de la blessure** : par exemple un pardon mal donné, une amertume gardée contre Dieu malgré des protestations d'amour, etc.

Nous voyons donc ce qui se passe à travers ce moment très important où la personne expose sa vie dans l'anamnèse, en même temps qu'elle apporte ce qui est péché à ses yeux. Si une telle anamnèse est nécessaire, ce n'est surtout pas, comme je l'ai dit plus haut, pour le plaisir de ressasser des choses sur lesquelles on n'a plus de prise, mais c'est pour présenter ces blessures au Seigneur **pour qu'Il les guérisse** ! Qu'elles deviennent lumineuses comme les Siennes après Sa Résurrection.

Une rencontre avec le Seigneur qui nous sauve, – sauver veut dire guérir complètement – nous donne un passé nouveau. Elle reprend notre histoire pour l'illuminer de l'intérieur. Je puis maintenant revoir ma vie, y consentir en y déchiffrant un rêve d'amour sur moi et m'ouvrir ainsi à la présence de Dieu.

« La confession est une résurrection spirituelle et la restauration d'enfants de Dieu dans leur dignité et privilèges. Car notre prérogative la plus haute est précisément l'amitié avec Dieu[3]. »

Non ! Les ratés de ma vie ne sont pas irréparables, mes échecs ne sont pas irréversibles. De mon passé, le Seigneur peut faire quelque chose d'inédit. Il s'agit non seulement de revoir mon passé avec le regard de Jésus, mais de l'offrir à la **puissance de guérison du Christ.** Par la prière de guérison faite sur moi, ma mémoire du passé sera guérie, elle ne se souviendra plus que des passages de l'Amour, elle deviendra une mémoire qui se sait aimée et qui aime. Le Seigneur met dans ma mémoire le souvenir des merveilles de Dieu dans ma vie. Il a fait remonter au cœur, non plus ma *détresse* mais *la tendresse de Dieu.* Ce qu'une volonté et une intelligence humaines ne pouvaient accomplir, c'est-à-dire rompre ce cercle vicieux, l'Esprit-Saint le réalise à travers cette prière de guérison. Je resterai certes un pauvre type, et sans doute jusqu'à la fin de mes jours, mais, maintenant, je n'ai plus peur, je n'ai plus honte, et je ne suis plus triste car **je ne suis plus seul !** Mes faiblesses, je les regarderai en face et finalement, je les aimerai car Dieu lui-même les a aimées. Mon être dans sa totalité va revenir à la santé. J'aurai des grâces spéciales pour

3. Cf. Card. Godfried DANNEELS, *op. cit.*, p. 50.

résister au « démon » du découragement et de l'inquiétude à cause de mes misères, de mes chutes répétées, de l'expérience quotidienne de mon peu de vertu et de sainteté.

Le Seigneur me donnera également la grâce *« d'accepter en paix l'épreuve de ne pas se plaire à soi-même »*, selon le mot de sainte Thérèse de l'Enfant-Jésus. C'est en effet indispensable : le chemin de la sainteté à laquelle nous sommes tous appelés passe nécessairement par l'acceptation paisible de nos limites, y compris spirituelles. C'est le fruit d'une guérison intérieure. Notre tendance naturelle est de nous troubler, de nous agiter, de nous en vouloir parfois durement. Mais ce que le Seigneur nous demande au contraire, c'est l'acceptation paisible de nos faiblesses et de nos imperfections. Il ne s'agit évidemment pas d'une démission qui nous ferait baisser les bras face à nos défauts et à nos péchés, il faut, bien sûr, lutter sans relâche contre ceux-ci. Cependant, cette lutte ne doit pas être tendue et inquiète, mais au contraire, confiante, patiente et paisible. Perdre la paix à cause de nos infirmités ne fait que reculer la guérison. Si nous nous troublons, à cause de nos chutes et rechutes, c'est un signe que nous manquons encore de confiance dans la miséricorde de Dieu. Cela montre qu'inconsciemment nous mettons des limites à Sa capacité de nous aimer comme nous sommes et de nous pardonner à nous-mêmes. C'est une preuve que nous mettons encore notre confiance en nous-mêmes et non pas en Lui, que nous ne croyons pas vraiment que Dieu est capable de tirer un bien de tout, y compris du mal.

Persévérer dans cette attitude de confiance paisible nous fera beaucoup progresser, nous aidera à rester continuellement sous l'action de la grâce divine qui nous fera cheminer plus vite et plus efficacement que nos propres forces.

En effet, mon corps, également perturbé par une âme malade, reçoit progressivement une vigueur insoupçonnée. Et, de temps en temps, une guérison *physique* véritable pourra suivre la guérison intérieure. Il y a dans notre vie une dimension mystérieuse qui intègre l'homme intérieur et l'homme extérieur.

Rappelons en terminant cette partie sur la Réconciliation, que le Seigneur veut toujours guérir, mais son problème c'est qu'il ne le peut ni le veut **sans moi** ! Il n'est pas magicien, Il veut être aidé par le blessé lui-même. Mais tant de secrètes connivences nous lient à nos maladies spirituelles et même physiques. Parfois on s'y complaît, on s'y recherche, on s'y habitue. J'ai connu le cas d'une femme de plus de cinquante ans, paralysée des deux jambes depuis son adolescence, qui, tandis que son groupe de prière intercédait pour sa guérison, se demandait ce qu'elle allait devenir *si elle guérissait*. Elle paniquait car elle savait qu'une fois guérie, sa pension d'invalidité lui serait retirée. Elle n'avait pas de diplôme, pas de travail et, vu son âge, il lui était impossible d'en trouver !

La guérison vient de la rencontre avec le Christ, d'une relation tellement intense que des possibilités nouvelles de la nature humaine sont mises en œuvre.

La guérison ne se produit pas **en dehors de l'homme** et sans lui. C'est la volonté de guérison, soutenue par la Foi, qui devient efficace par la rencontre avec Jésus dans son Sacrement. Comme le dit saint Paul, « *il faut demeurer ferme dans la Foi* ».

Dieu est impatient de nous donner des tas de bonnes choses. Et saint Paul a encore cette belle parole dans la 2è **lettre aux Corinthiens,** 5 : « *Laissez-vous réconcilier par Dieu…* » Laissez donc Dieu faire Son œuvre en vous !

Et dans le Sacrement de la Réconciliation, c'est là où on se laisse faire par Dieu : « *Si quelqu'un est dans le Christ,* nous dit saint Paul, *il est une créature nouvelle* ». C'est Dieu qui va nous réajuster à notre vocation baptismale, qui va nous ajuster à l'Évangile parce que, de nature, nous sommes pécheurs.

Reconnaître en nous cet état, c'est tout simplement reconnaître que nous ne sommes pas Dieu, que nous sommes créés, limités et imparfaits et pourtant appelés à devenir semblables à Dieu ! Voilà notre destinée et le travail de transformation pour devenir semblable à Dieu, c'est l'œuvre de l'Esprit-Saint en nous. Je suis pécheur, oui, mais pécheur pardonné et bien-aimé de Dieu !

L'Eucharistie

Le livre des **Actes des Apôtres (2, 42)** nous décrit la naissance de l'Église, il nous brosse un tableau de la première Communauté chrétienne : « *Ils se montraient assidus à l'enseignement des Apôtres, fidèles à la communion fraternelle, à la* FRACTION DU PAIN *et aux prières* ».

Dans les premières communautés chrétiennes, la « fraction du pain » était liée au partage de la Parole. Il y a donc interaction entre ces deux dons de Dieu. La Parole priée nous introduit dans le mystère du Pain de vie et le Pain nous introduit dans le mystère de la Parole. C'est l'Esprit qui nous révèle l'un et l'autre. Ceux qui se laissent envahir par l'Esprit développent en eux « un sens » qui leur fera reconnaître la présence de Jésus et dans la Parole et dans le pain de Vie.

Il est important pour nous d'approfondir de plus en plus cette vérité : comment le Seigneur, qui se donne en nourriture à chacun de nous, est un Seigneur qui nous connaît au plus profond de nous, de notre cœur, de notre corps, de notre esprit ; un Seigneur qui veut nous rejoindre tellement plus profondément, tellement plus fortement qu'Il ne pouvait rejoindre ses contemporains de Palestine qui pouvaient tout au plus « *toucher la frange de son vêtement* » ou sa main de Sauveur.

Pour nous, **Il vient faire un avec nous,** communier, faire l'unité dans la communion avec Lui. Il vient pour nous nourrir, pour passer dans notre sang, il vient pour **nous guérir** ! **C'est quelque chose d'extraordinaire** ! Les témoignages que nous entendons régulièrement sont chaque fois comme une signature de plus à tout ce que le Seigneur fait aujourd'hui.

« *Oui, Jésus Christ est le même hier, aujourd'hui et pour les siècles des siècles* » nous dit **l'Épître aux Hébreux (13, 8)**. Encore faut-il croire et accepter Jésus tel qu'Il se manifeste dans l'Évangile, Jésus tel qu'Il existe, car c'est là que nous constatons sa puissance.

Nous constatons aujourd'hui qu'**Il est vivant, qu'Il est ressuscité.** Mais qui est celui qui agit ainsi avec tellement de force, de puissance et d'amour dans l'Eucharistie ?

C'est le même Jésus de l'Évangile qui est présent dans l'Eucharistie, c'est Jésus de Nazareth, Jésus de Capharnaüm, Jésus des routes de Galilée et de Judée. Ce qu'Il a fait à cette époque-là, Il le fait toujours aujourd'hui parmi son peuple, quand ce peuple a la foi et L'accueille tel qu'Il est, c'est-à-dire *avec sa puissance de guérison*. Et comme il est important alors de Le connaître : et pour cela, comme il est important que notre esprit, que notre cœur, soient façonnés par la Parole de Dieu.

a) L'importance de la liturgie de la Parole

Ce n'est pas pour rien que la célébration de l'Eucharistie ne se limite pas simplement à la consécration et à la communion. La Parole, qui prépare et qui fait partie intime de cette célébration eucharistique, n'est pas là pour rien ! Ce n'est pas une parole d'homme, mais c'est la Parole de Dieu, et, à travers cette parole qui nous est donnée dans les lectures de la Messe, c'est déjà Jésus lui-même, Verbe de Dieu, Parole de Dieu, qui se donne à chacun de nous et qui vient toucher notre cœur, l'ouvrir, afin de préparer cette communion que nous aurons avec Lui au moment de la communion. À travers ce langage d'homme que sont les paroles de la Bible, c'est Jésus lui-même, la Parole de Dieu faite homme, qui vient nous rejoindre et qui se communique à chacun de nous. Elle sait si bien toucher, dans notre cœur, dans notre vie et dans notre mentalité, ce qui a besoin d'être secoué, ce qui a besoin d'être éclairé et fortifié. Non, ce n'est pas une parole insignifiante ! La Bible n'est pas un livre comme les autres et lorsque je l'ouvre ou je l'écoute dans la Foi, je sais que c'est Dieu qui me parle à travers cette page. Aucun livre ne peut en dire autant ! Combien dois-je demander à Dieu qu'Il mette en moi un amour de sa Parole ! Et combien je dois chercher à la lire et à la relire pour que, intérieurement, je sois purifié et façonné par cette Parole de Dieu. Il y a beaucoup trop de *« belles paroles »* prometteuses et vaines à la fois, qui nous assaillent aujourd'hui de toutes parts dans le monde. Mais nous avons besoin d'**une parole qui dure** ; nous avons besoin d'une parole qui tienne dans notre vie, nous avons besoin d'**une parole substantielle** c'est-à-dire d'une parole qui est substance, qui est nourriture, qui nous maintienne en vie **et qui nous guérisse** ! Car, dit Jésus : *« L'homme ne vit pas seulement de pain, mais il vit de toute parole qui sort de la bouche de Dieu »* (**Mt.** 4, 4).

Lorsque j'écoute l'Écriture Sainte à l'Eucharistie, je sais que cette parole qui m'est donnée, jour après jour si je le veux, c'est la Parole substantielle, c'est la Parole de Dieu qui vient nourrir la vie la plus profonde en moi, la vie de l'enfant de Dieu. Rien ni personne ne pourra nourrir cette vie d'enfant de Dieu : aucune nourriture matérielle, aucun philosophe, aucun penseur, aucun politicien ne peuvent nourrir cette vie profonde de l'enfant de Dieu qui est en moi : *seul le Fils de Dieu*, le Fils bien aimé du Père qui est Jésus, qui est Verbe de Dieu, **peut nourrir** cette part de moi qui est vivante au plus profond de mon être. Car le Seigneur est là et Il passe à travers ces paroles-là. Tant de zones de notre être ont besoin d'être lavées, purifiées et renouvelées, fortifiées et guéries.

b) Jésus vivant dans l'Hostie

Nous ne devons, bien sûr, jamais perdre de vue la *triple présence* de Jésus dans nos assemblées eucharistiques. Parce que nous sommes assemblés à deux ou trois en son Nom, c'est-à-dire avec l'intention de rencontrer Jésus, Il est là **au milieu de nous**. Il est là **dans sa Parole** proclamée, car sa Parole est vivante. Il est enfin présent **dès la Consécration**. Le pain et le vin sont transformés en son Corps et en son Sang.

Jésus présent dans l'Hostie ! Est-ce que j'y crois vraiment ? C'est le même Jésus que j'entendais me parler tout-à-l'heure durant la proclamation de la Parole, c'est le même Jésus de Nazareth, de Galilée et de Capharnaüm : mais maintenant, Il est ressuscité et plus vivant que jamais !

> *« Dans le pain et le vin, le Christ est présent en personne et tout entier. »* VRAIMENT, RÉELLEMENT ET SUBSTANTIELLEMENT, *affirme traditionnellement l'Église. 'Vraiment', c'est-à-dire non pour ainsi dire, comme par métaphore ; 'réellement' c'est-à-dire non pas comme en image ou comme un symbole creux ; 'substantiellement', c'est-à-dire non pas partiellement ou seulement par sa puissance : Il est là Lui-même et tout entier*[4]. »

À l'Eucharistie, en effet, voilà le Corps de Jésus devant nous. Non pas son vêtement, mais son Corps. Nous pouvons non seulement le toucher, mais nous en nourrir. Et nous savons que **tant que la chaleur de notre corps n'a pas consumé « les accidents » du pain et du vin, *Jésus reste eucharistiquement présent en nous.***

Quand il vivait en ce monde, il suffisait que les malades touchent ses habits pour être guéris, comment douter, lorsqu'Il est

4. Cf. Card. DANNEELS, *op. cit.*, p. 40.

en nous, qu'Il fasse des miracles si nous avons la Foi et qu'Il nous donne ce que nous Lui demandons ? Certaines personnes disent parfois qu'elles auraient aimé vivre au temps où le Christ était en ce monde ! Mais, n'est-il pas aussi vivant dans la Sainte Hostie ? Que voulons-nous de mieux ?

Communier dans la Foi et dans la pureté génère sur le corps, une puissante vertu de renouvellement et de guérison. Le célébrant ne dit-il pas cette belle prière juste avant de communier : « *Que cette communion à ton corps et à ton sang soutienne mon esprit et mon corps et me donne* LA GUÉRISON » ?

Jésus est toujours le Fils de Dieu aujourd'hui encore, sa tendresse n'est pas altérée, sa puissance n'est pas affaiblie. Depuis toujours, l'Église a perçu un lien très fort entre l'Eucharistie et les malades. D'instinct, elle a saisi qu'il s'appliquait au sens littéral, le mot de Jésus : « *Je ne suis pas venu pour les bien-portants, mais* POUR LES MALADES » !

Nous sommes des sous-développés spirituels, nous avons besoin d'être arrachés à notre léthargie. Jésus étouffe comme à Nazareth (en **Mt. 13, 58**) : « *Il ne fit pas là beaucoup de miracles, à cause de leur manque de Foi !* » Mais, dès qu'on lui apporte de partout des perclus, polios et lépreux, d'un mot, d'un geste, Il les guérit, c'est plus fort que Lui ! Et je pose la question : « **Et nous ?** » Faisons-nous vraiment appel à son « métier » de Sauveur ? Lorsqu'Il passe parmi nous, lorsqu'Il y réside, combien de malades Lui apportons-nous ? Ils sont malades dans toutes les dimensions de leur être : corps (*sôma*), âme (*psychè*) et esprit (vie spirituelle, *pneuma*).

Quand Jésus retrouve la ferveur du petit peuple de Dieu, une prière aussi ardente, aussi intense, aussi confiante et suppliante, où qu'on se trouve, les digues de Son Cœur cèdent à nouveau, s'ouvrent toutes larges et les guérisons déferlent une fois de plus à tous les niveaux de notre être.

Si nous avons à exercer la prudence pour éviter tout illuminisme, sachons aussi qu'une prudence excessive nous porte au refus de reconnaître la puissance de l'Esprit Saint dans la vie chrétienne. Un **chrétien normal** doit chasser ses appréhensions devant l'action possible de l'Esprit-Saint et il devrait cesser d'appeler « prudence » ce qui n'est que *peur*, ou d'appeler « sagesse » ce qui n'est que *scepticisme a priori* devant tout ce qui dépasse notre raison humaine. « *Ne contristez pas l'Esprit de Dieu qui vous a marqués* » (**Ep. 4, 30**).

Il faudrait cesser de bouder l'Esprit-Saint et accepter joyeusement d'être ses héritiers à *part entière*. Nous ne pouvons pas continuer à trahir l'Esprit et à mettre sa lumière sous le boisseau (**Mt. 5, 14-16**). Si nous avions la Foi grosse comme un grain de sénevé ! (**Mt. 17, 20**). Devant une intervention possible de Dieu, notre devoir est de nous mettre en état de disponibilité : **quelle opulence gratuite nous serait alors offerte !**

c) L'Adoration Eucharistique

Savez-vous que c'est uniquement pour les malades que le Corps du Christ a commencé d'être conservé en dehors de la célébration eucharistique ? Ce sont eux qui ont fait don à l'Église du Saint-Sacrement. La Présence permet comme une thérapie des profondeurs qui prolonge l'effet médicinal de la communion. Un grand nombre de guérisons sont progressives et, dans cette sorte de convalescence, l'adoration joue un rôle décisif. L'Adoration de l'Eucharistie devrait être offerte largement aux malades eux-mêmes, on serait stupéfait de ses effets thérapeutiques.

C'est le même Jésus qui touchait les malades de ses mains divines, c'est ce même Jésus dont la femme de l'Évangile voulait toucher le vêtement pour être guérie. Et il y a ici bien plus que son vêtement, il y a Lui-même. Regarder ce Corps du Christ, le contempler dans la Foi, permet une sorte d'irradiation en nous de cette force qui sortait de lui et guérissait. Pourquoi la plupart des guérisons, de Lourdes par exemple, ont-elles lieu au cours de la procession du Saint-Sacrement ? N'est-ce pas un signe ?

Un certain nombre de médecins des différentes disciplines « psy » pourraient attester ici cette vertu thérapeutique de la Présence contemplée : cela se vérifie pour les handicapés mentaux et les malades psychologiques. Les guérisons dans ce domaine sont remarquables, simplement par la vue, la contemplation de Jésus-Hostie ! Même si ce frère ne comprend pas, Lui, le Seigneur comprend et sait s'y prendre.

Adorer, c'est se mettre dans le soleil de Dieu. C'est un peu ce que les médecins appellent aujourd'hui l'« héliothérapie » : une cure de soleil. Le repos au soleil redonne goût à la vie. Le Prophète Malachie (3, 20) ne nous a-t-il pas dit : *« Mais pour vous qui craignez mon nom, le soleil de justice brillera avec* **le salut dans ses rayons** ». La Traduction œcuménique de la Bible (T.O.B.) traduit : *« portant la guérison dans ses rayons ».*

Le soleil de justice, c'est le Christ Lui-même. La Tradition de l'Église l'a toujours compris comme cela. C'est le Christ qui nous **ajuste** (justice = ajustement) à la volonté de son Père. L'Adoration est donc pour nous source de guérison à tous les niveaux de notre être, source d'un ajustement. Nous allons donc nous laisser regarder, aimer et guérir par le Seigneur Lui-même.

Le sacrement des malades

S'il est un point que les Évangiles mettent bien en valeur, c'est la sollicitude de Jésus envers tous ceux qui sont atteints par quelque maladie. L'Évangile en fit même un signe privilégié de la venue du Royaume et des temps messianiques.

Dès sa première journée apostolique (**Marc** 1, 16-34), Jésus déclare et montre que *« Le temps est accompli : le Royaume est arrivé parmi vous ».*

On sait qu'IL COMBAT la maladie comme une atteinte à l'intégrité humaine. On sait qu'une force qui guérit sort de Lui. Alors, Jésus, le plus simplement du monde pose les mains sur chacun, et les guérit. Saint Luc (5, 17) souligne encore : « *La puissance du Seigneur le poussait à opérer des guérisons.* »

Mais, pour que tout homme se sache aimé du Père, comment poursuivre sa route jusqu'au bout du monde, jusqu'au bout des temps ? Alors, un beau matin, sur la colline, Jésus appelle ses disciples : « *Je vous envoie,* leur dit-il, *proclamer le règne de Dieu et faire des guérisons* » (**Lc. 9, 2**).

Jésus a donc confié aux siens la tâche de restaurer la création abîmée. Il a demandé aux siens de lui prêter leur bouche, leurs mains, leur voix, leur être tout entier, pour que Lui-même puisse continuer son œuvre de guérison. Et aujourd'hui encore, Jésus ne cesse d'agir avec les siens. La lettre de saint Jacques (5, 14) nous fait connaître comment la primitive Église a su obéir à l'ordre du Seigneur. Le frère malade demandait aux « anciens » de la communauté de prier pour lui « *après avoir fait une onction d'huile au nom du Seigneur* ».

Aujourd'hui, l'Église enseigne à tous les chrétiens qu'ils ont à partager l'amour attentionné du Christ et de son Église pour les malades. Dans cette **lettre de saint Jacques (5, 14),** on lit que l'onction doit être donnée aux malades pour que le Seigneur les sauve et les relève. Dans le sacrement des malades, par la grâce de l'Esprit-Saint, l'homme tout entier doit être aidé pour son salut. Ce sacrement s'adresse donc à des malades et non plus exclusivement à des mourants ou des agonisants comme ce fut le cas pendant bien longtemps dans la pratique sacramentaire de l'Église.

Certes, il faut une maladie importante que le patient considère comme sérieuse, alors il a le droit de demander ce Sacrement, qui est pour les malades. La Constitution sur les Sacrements du Concile Vatican II suppose que « maladie » et « santé » sont des concepts à prendre dans leur profondeur existentielle. L'homme est une unité. Trois critères d'appréciation doivent être considérés **ensemble** : il n'y a pas que l'élément médical qui est en jeu, ou la *santé physiologique*, mais également *l'équilibre spirituel* lié à une maladie, ainsi que la *santé psychologique*. Ce malade a besoin de force, d'aide, pour lutter contre le mal qui l'atteint, pour éviter de se refermer sur lui-même, pour réapprendre à offrir sa vie telle qu'elle lui est imposée par les circonstances. Le malade a besoin d'une grâce spéciale de force et de confiance pour lutter contre sa maladie. Le Pape Pie XI disait déjà que, pour apprécier la gravité d'une maladie, il suffit *d'un jugement prudent, porté sans anxiété ni scrupule.* Dans la majorité des cas, il sera donc raisonnable que le malade lui-même, avec le prêtre, voit à quel point son état de santé, atteint par la maladie ou la vieillesse, entraîne une situation difficile au point que, pour la vivre, il a besoin de nouvelles forces.

Une situation difficile est une maladie qui te nuit. Si cela te nuit, cela nuit au corps du Christ qu'est l'Église. Ce qui m'atteint, atteint aussi l'Église, corps du Christ. Donc, cela nuit à Jésus. Tu peux donc venir lui demander sa force dans ce Sacrement. Si tu as assez de Foi, Il te donnera des forces nouvelles. Parfois même, Il pourra te guérir physiquement pour que tu sois signe de Sa puissance.

Saint Jacques exhorte d'une façon claire et pressante : « *La prière de la Foi sauvera le patient et le Seigneur le relèvera* » (5, 15). Donc la condition d'être croyant : alors il y a possibilité d'un mieux-être physique, d'un pardon des péchés et d'une plus grande union à Dieu.

Car **la maladie est une réalité d'ordre global** qui modifie non seulement l'état physique mais l'horizon de vie de quelqu'un, donc son équilibre psychologique et parfois son équilibre spirituel. La maladie est une notion *relative* et tous les cas ne sont pas prévus dans le rituel. Maladie ou santé sont des notions qui s'appliquent de manière différente à des réalités diverses. Un accès de fièvre en Europe de l'Ouest n'est pas, au départ, une maladie grave et sérieuse, mais par exemple en Afrique, c'est tout différent quand vous n'avez pas de quinine sous la main. Une dépression n'est pas en soi, une maladie mortelle, mais une dépression mélancolique peut entraîner un risque de suicide. Ce qui complique encore les choses aujourd'hui, c'est que la médecine elle-même est en train de changer. La prise en charge de la maladie est tout à fait différente et donc la pastorale du sacrement des malades est également très différente.

Aujourd'hui, Jésus continue à rappeler à son peuple qu'Il est le Messie Sauveur, celui qui a été envoyé par le Père pour nous réconcilier avec Lui. Il fait la paix avec nous en nous purifiant du péché et Il donne parfois des signes qu'il purifie nos péchés en guérissant physiquement des malades. Jésus peut nous guérir de différentes façons : par les médecins bien choisis, par les chirurgiens, les médicaments, le repos. La prière ne contredit pas le bon sens !

Ce qui est certain, c'est que la prière de Foi produit toujours des fruits. Il me parait important de souligner, en finale, que si les guérisons physiques sont des signes, des manifestations de l'amour du seigneur, ce n'est pas la *seule preuve* de son amour. Le Seigneur veut des témoins dans toutes les régions de la terre mais aussi des témoins de son Royaume tout entier. Pas seulement de ses guérisons, mais aussi de sa paix, de sa patience, de sa prière au Père.

Comme le dit si bien le Cardinal Danneels : « *Par l'onction, le malade est pour ainsi dire 'consacré' pour participer à la puissance salvatrice du Christ. Sa souffrance devient participation à l'œuvre de salut du Christ*[5]. »

---

5. *Op. cit.*, p. 56.

VII

EXEMPLES BIBLIQUES DE GUÉRISON INTÉRIEURE

Personne n'a autant guéri que Jésus. Aucun fondateur de religion ne peut le concurrencer dans ce domaine. Jésus fut et reste le modèle et l'inspirateur unique de la guérison à tous les niveaux de l'être.

Près d'un cinquième des évangiles se rapporte au ministère de guérison de Jésus et aux débats qui s'en suivirent. Cela nous prouve combien Jésus, *l'unique Sauveur*, a accordé d'importance à la guérison durant sa vie publique. Nous en avons déjà amplement parlé dans le chapitre sur les Sacrements.

Dans les livres mentionnés dans la bibliographie ci-jointe, chaque auteur a donné beaucoup d'exemples concrets de guérisons survenues à la suite de prières d'intercession. Je ne prolongerai pas cette liste déjà longue.

Je voudrais simplement regarder avec vous deux exemples de GUÉRISON INTÉRIEURE FAITE PAR JÉSUS DANS L'ÉVANGILE, mais souvent très peu perçus comme tels.

1) ***Luc 1, 39-45*** *: le récit de la Visitation.*

Marie, enceinte de quelques semaines seulement, va rendre visite à sa cousine Élisabeth enceinte de six mois. Humainement parlant, rien de plus naturel : une jeune femme de la famille vient aider sa vieille cousine qui en a bien besoin vu son âge et l'état dans lequel elle se trouve.

Élisabeth est une vieille femme, avancée en âge, qui a été stérile toute sa vie. Or, dans la mentalité juive de cette époque, la stérilité était considérée comme une punition de Dieu. Donc, cette femme croyante, pieuse et pratiquante, ne peut pas vivre dans la joie puisque Dieu l'a rejetée ! Depuis son mariage avec Zacharie, elle vit dans la tristesse. À présent, à son âge, certains supposent quatre vingts ans, la voilà enceinte ! Même si c'est le fruit d'une intervention divine, cela ne l'empêche pas d'être humainement un peu inquiète.

Comme nous l'avons vu dans la psychologie pré-natale, tout ce que la maman vit, l'enfant qu'elle porte en elle le vit également. Si la mère porte l'enfant dans la joie, l'enfant sera joyeux. Si elle le porte dans la tristesse ou l'angoisse, l'enfant sera triste et angoissé. Or cet enfant qu'elle porte a été désigné par Dieu pour « ouvrir les chemins du Seigneur ». Il doit annoncer **La Bonne Nouvelle** au monde. On n'annonce généralement pas une bonne nouvelle avec une figure pleine de tristesse !

Donc, Jean-Baptiste a besoin d'une fameuse guérison intérieure. C'est un des buts de la Visitation.

Marie entra donc dans la cour intérieure de la demeure de sa cousine. Elle salua respectueusement celle-ci. Elle s'inclina devant elle, l'embrassa selon la coutume et lui adressa les paroles d'usage : « *Shalom !* », que la paix soit avec toi.

Au cours de la salutation, le miracle se produisit : le Messie se manifesta lui-même. L'ange avait annoncé à Zacharie : « *Le fils d'Élisabeth sera rempli du Saint-Esprit dès le sein de sa mère* ». Maintenant que Marie était devant elle, l'enfant tressaillit dans son sein et elle reconnut le rapport mutuel des événements. Marie était la Mère du Rédempteur dont Jean était le précurseur. C'est pourquoi, à son approche, s'était accomplie la sanctification, c'est-à-dire LA GUÉRISON TOTALE, de l'enfant.

Pour Élisabeth, qui en est à son sixième mois de grossesse, la visite de Marie, porteuse en elle du Fils de Dieu fait homme, est source de guérison profonde et pour elle-même et pour son fils. « *Dès que ta voix a frappé mes oreilles, l'enfant a dansé de joie dans mon sein* » (Lc. 1, 44). L'expression utilisée par Elisabeth, *a dansé de joie*, est celle qui décrit David dansant devant l'arche d'Alliance (2 S. 6, 5). Jésus, qui n'a que quelques semaines en ce monde, vient déjà accomplir une guérison. Il remet debout, dans la joie, celui qui a été choisi par Dieu pour annoncer Sa venue sur la terre.

2) Un autre passage d'Évangile peut aussi être lu comme un récit de guérison intérieure faite par Jésus : « PIERRE, M'AIMES-TU ? » (Jn. 21, 15-19).

Rappelons les faits. Jésus vient d'être arrêté par les gardes du Temple. Il est emmené au Prétoire. Tous les disciples ont fui dans tous les sens, sauf Pierre et Jean qui L'ont suivi de loin. Comme Jean a de bonne relations, il reçoit l'autorisation d'entrer avec Pierre dans la cour intérieure. Des gardes sont autour d'un feu de bois pour se réchauffer. Les flammes scintillent sur les visages transis et fatigués. Soudain une femme, une servante, croit reconnaître Pierre et le montrant du doigt lui hurle : « *Mais, toi aussi, tu es de la même bande ! Toi aussi tu suis le Nazaréen ?* »

Aussitôt Pierre répond en regardant cette femme au visage rougi par le brasier : « *Non, je ne connais pas cet homme !* » Et cela se répéta trois fois.

Voilà notre Pierre, désigné par Jésus, Fils de Dieu, donc par Dieu, pour être le Chef de son Église, qui est blessé de deux blessures profondes : une blessure de sa *mémoire visuelle*, il a vu le brasier, les flammes, les visages rougis par elles, et une blessure de sa *mémoire auditive*, il a entendu les sarcasmes de la femme et il s'est entendu renier son Jésus ! Il partit en pleurant amèrement après avoir croisé le regard de Jésus qui le pardonnait.

Pierre est donc profondément blessé. Or Dieu ne reprend pas ses dons (**Rom. 11, 29**). Pour que Pierre puisse bien accomplir sa mission, il a donc besoin d'une guérison à ces deux niveaux blessés. Voilà pourquoi Jésus, le grand pédagogue plein d'Amour, a allumé un feu sur la plage et devant ces flammes qui scintillent, pose trois fois la question à Pierre : « *Pierre m'aimes-tu ?* » Pierre s'entend répondre par trois fois : « *Oui, Seigneur, Tu sais bien que je T'aime* ! » Désormais Pierre pourra encore regarder des flammes qui brillent dans l'obscurité, il n'entendra plus ses reniements, mais les paroles d'amour qu'il a prononcées : « TU SAIS QUE JE T'AIME ! » Jésus a guéri celui qui doit, dans le Plan de Dieu, garder Ses brebis.

Il en est ainsi pour chacun de nous. Jésus ne demande qu'à nous guérir, Il a toujours vu la maladie comme un mal à combattre. JAMAIS, dans tout l'Évangile, on ne voit que Jésus ait apprécié la maladie ou les blessures de nos mémoires. Jamais, Il ne les a considérées comme une bonne chose que Dieu ait pu envoyer.

Quel contraste avec ces chrétiens d'aujourd'hui qui, considérant la maladie comme une bénédiction de Dieu, s'obligent à l'accepter et à lui faire bon accueil ! C'est vrai que Dieu peut tirer le bien du mal, mais celui-ci n'en reste pas moins un mal en soi.

Comme ils ont dû pleurer de joie, ceux qui pouvaient de nouveau marcher, ceux qui voyaient leurs parents, leurs amis pour la première fois. Comme elles jubilaient toutes ces foules qui ont vu ces boiteux danser et ces aveugles recouvrer la vue !

Cela arrive encore aujourd'hui de voir pleurer de joie ceux qui, lors de prières d'intercession, se trouvent touchés et guéris par Jésus.

Mais, hélas aussi, comme beaucoup de chrétiens encore, et de frères prêtres surtout, se montrent méfiants à l'égard de tout ce qui touche ce ministère de guérison et les moments d'intense émotion qu'il engendre.

On peut être certain qu'en Israël, des milliers de gens ont été guéris par Jésus ou ont été témoins de ses guérisons. Qu'on est loin de notre christianisme conformiste et figé !

Comme Il a raison le « Christ de Toulouse » qui verse des larmes depuis le 6 décembre 1991 et qui n'ont jamais cessé de couler depuis cette date. Il a fait comprendre à une priante qui, dans son cœur, Lui posait la question de savoir pourquoi Il pleurait : « JE PLEURE D'IMPUISSANCE ! JE NE PUIS SAUVER LE MONDE PARCE QUE VOUS NE ME LE DEMANDEZ PAS. TOURNEZ-VOUS VERS MA FACE ET CRIEZ VERS MOI DU FOND DU CŒUR, DU FOND DES ENTRAILLES ET NON DU BOUT DES LÈVRES ».

Sauver signifie non pas seulement enlever le péché originel, mais aussi guérir, remettre debout, rendre à la **santé totale** !

Cela me rappelle ce qui est écrit sur un vieux calvaire flamand de 1632 :

Je suis la Lumière, et vous ne Me voyez pas.
Je suis la Route, et vous ne Me suivez pas.
Je suis la Vérité, et vous ne Me croyez pas.
Je suis le Maître, et vous ne M'écoutez pas.
Je suis le Chef, et vous ne M'obéissez pas.
Je suis votre Dieu, et vous ne Me priez pas.
Je suis le grand Ami, et vous ne M'aimez pas.
SI VOUS ÊTES MALHEUREUX, NE ME LE REPROCHEZ PAS !

VIII

PRIÈRES POUR LA GUÉRISON

Sur quoi prier, pour quoi prier ?

Par fidélité aux instructions de Jésus, nous devons encourager les chrétiens à *prier sérieusement* pour la guérison, y compris la guérison physique. Mais, il faut reconnaître que la volonté de Jésus n'est pas toujours de vouloir guérir toute maladie physique ou mentale. Comme nous le disions dans le chapitre sur les Sacrements, à partir d'une souffrance, d'une maladie, Jésus peut avoir un dessein de Rédemption pendant un temps plus ou moins long ou même pour toute la vie. Dans ce cas, Jésus ne guérira pas la maladie et n'enlèvera pas la souffrance qui l'accompagne, mais Il accordera à la personne qui demande ou accepte la prière des frères des grâces spéciales pour vivre la situation qu'elle doit vivre à ce moment, dans la paix et l'union à Ses souffrances rédemptrices.

Reconnaissons que certaines prières pour la guérison ont davantage blessé qu'elles n'ont aidé. On a eu tort de promettre la guérison physique, en oubliant que ce qui compte d'abord aux yeux de Dieu, c'est la guérison de l'âme. *Jésus veut toujours nous guérir d'abord sur le plan spirituel.* Il faut donc nous rappeler qu'en priant pour la guérison, Jésus va toujours commencer par donner une guérison au plan spirituel, comblant l'âme de paix, de joie intérieure, la libérant de ses angoisses et de sa tristesse. C'est donc d'abord pour cette guérison-là qu'il faut prier. Ensuite, on priera avec Foi et persévérance pour la guérison physique et psychique.

Même s'il n'y a pas une amélioration physique, le malade reçoit une grande grâce de paix. Je n'ai jamais regretté d'avoir prié pour la guérison physique même si elle n'a pas eu lieu. Ce qui est certain, c'est que, sans cette prière faite dans la Foi et l'amour fraternel, le malade aurait souffert davantage de sa maladie et de ses séquelles.

Je dois donc toujours accepter de prier pour une telle guérison tout en faisant comprendre au patient que ses souffrances peuvent *« compléter ce qui manque aux souffrances du Christ pour son corps qui est l'Église »* comme nous l'affirme saint Paul (**Col. 1, 24**). Je demanderai au Seigneur qu'Il lui donne la force de les supporter en les Lui offrant.

Le simple bon sens et la sagesse qui vient de Dieu m'éviteront également de prier pour la guérison d'un mourant en stade final, je prierai alors pour qu'il accepte de donner sa vie à Dieu et qu'il parte dans la Paix.

C'est le moment de nous rappeler que, pour un chrétien, la mort est le passage à la Vie de plénitude. Elle est la **guérison totale** alors qu'une guérison physique ne sera jamais que passagère. Ainsi, je crois que si la personne n'a pas pu finir la tâche que Dieu lui avait confiée sur la terre, IL lui accordera un sursis en la guérissant.

La vie au Ciel est beaucoup plus intéressante et merveilleuse que la vie sur la terre ! Il ne faut donc pas essayer de retarder l'entrée au Ciel à l'heure de Dieu.

Je contemple régulièrement la mort de saint Joseph tenant d'une main celle de sa chère épouse Marie et de l'autre celle de Jésus. Dès que Jésus fut capable de raboter correctement les planches et de répondre aux demandes de la clientèle rapportant ainsi à sa Mère de quoi les nourrir tous les deux, la mission de Joseph sur la terre était terminée. Il pouvait, dans la paix, aller jouir de sa récompense dans le Ciel. Jésus n'a pas fait de miracle pour empêcher son père nourricier de mourir !

Condition préalable et indispensable : le pardon

Jésus, à la demande de ses disciples, enseigna une belle prière qui nous a été fidèlement transmise jusqu'à nos jours. Elle est adressée à Son Père qu'Il nous donne pour Père. Après les trois souhaits adressés à Dieu, nous lui faisons trois demandes. La deuxième nous invite à dire : « *Pardonne-nous nos offenses COMME nous pardonnons* ». Bien sûr que cette phrase n'est pas toujours facile à dire, car si après le « *comme* », il n'y a rien qui suit, je m'arrêterai pour ne pas mentir à Dieu. Si je n'ai pas pardonné, Dieu est lié par mon « non-pardon » et dès lors, Il ne peut rien. Il ne peut me donner les grâces que je Lui demande et qu'Il voudrait tant me donner. Le pardon est la colonne vertébrale de la vie spirituelle. Sans pardon, le chrétien ne peut se mettre debout !

Mais le pardon, qu'est-ce que c'est ? Ce n'est pas d'abord une démarche vers l'autre, ce n'est pas un bon sentiment. Il ne réside pas d'abord dans ma sensibilité. Le vrai pardon chrétien c'est un **DON** que je vais ensuite **PAR-donner**. Il faut donc que je le demande à Dieu. Le pardon n'est pas humain, il est divin ! Donc il est du domaine de Dieu. Mais pour que Dieu puisse me faire cadeau, DON, de ce pardon, il faut que je **décide de pardonner.**

Le pardon est une décision : je décide, indépendamment de tout sentiment, de pardonner à tous ceux et celles qui m'ont fait du mal. Je demande à Jésus de me montrer, dans la paix, à qui je dois pardonner : tel oncle qui a eu les doigts trop longs quand j'étais adolescente, tel instituteur qui m'humiliait régulièrement devant toute la classe, telle religieuse qui ne pouvait pas me sentir parce j'étais la fille de ma mère qu'elle avait déjà eue dans sa classe et dont elle gardait un mauvais souvenir. Le Seigneur va me montrer, au fur et à mesure que je serai capable de les « voir », les noms des personnes qui attendent mon pardon. Car, n'oublions pas que nous sommes toujours liés par le mal que nous avons fait et si ces personnes sont déjà mortes, elles doivent être purifiées de ce mal-là pour pouvoir entrer au Ciel. Le pardon que je décide de leur accorder les libère de ce lien. Sans cette décision de ma part, mon « Notre Père » ne portera pas de fruit et mes défunts devront rester plus longtemps dans ce lieu de purification appelé « purgatoire » jusqu'à ce qu'ils aient expié pour ce mal qu'ils m'ont fait.

Et dire que par une simple décision de ma part, je puis les délivrer, les délier ! C'est la mise en pratique de cette phrase de Jésus : « *tout ce que vous aurez délié sur la terre sera délié dans le Ciel* » (Mt. 16, 19).

Alors, comment faire en pratique ? Il suffirait de dire tout simplement : je décide de pardonner.

Une formule que j'aime beaucoup a déjà aidé pas mal de gens à faire cette démarche. Je les invite chaque fois à dire ces quelques phrases, en précisant toutefois que cette formule n'est pas magique.

« SEIGNEUR JÉSUS, PUISQUE, TOI, TU ME PARDONNES TOUJOURS, JE DÉCIDE MAINTENANT DE PARDONNER À... (et on nomme tout haut les personnes à qui on a décidé de pardonner). CHANGE MON CŒUR, SEIGNEUR, EN FONCTION DE CETTE DÉCISION. »

Voilà, *le pardon est donné*, mon « Notre Père » ne sonne plus faux et Dieu est « libéré ». Il peut maintenant m'accorder toutes les grâces que je Lui avais demandées car il n'y a plus d'obstacle en mon cœur pour les recevoir.

Il ne me reste plus qu'à attendre patiemment que Dieu fasse son œuvre en moi. Peu à peu, mon regard sur ces personnes va changer, mon cœur sera progressivement rempli d'amour pour elles et, un jour, *à l'heure de Dieu,* si elles vivent encore, nous pourrons nous rencontrer sans que cela fasse mal car tandis qu'Il change mon cœur, le Seigneur travaille aussi le cœur de l'autre ! C'est Son œuvre, c'est divin.

Moi, j'ai simplement décidé, Lui, il fait tout le reste. Mais pardonner n'est pas oublier ! Je ne puis oublier le mal qu'on m'a fait, surtout si cela m'a fait très mal ! Donc, ma mémoire du passé va de temps en temps me rappeler certaines paroles, certains gestes, certaines actions qui m'ont blessé jadis. Il est salutaire de considérer ces rappels comme des invitations à renouveler mon pardon à leurs auteurs. C'est tout. C'est cela le *« soixante dix fois sept fois » de Jésus* (**Mt. 18, 22**).

Les prières préliminaires

Il est évident qu'avant de participer à un ministère de guérison, le ou les priants doivent avoir la sagesse de se préparer autant que possible par *un temps prolongé d'Adoration gratuite* du Saint Sacrement et parfois même par une *journée de jeûne* surtout lorsqu'il s'agit de cas de délivrance.

Les lumières de l'Esprit-Saint et la force des charismes dépendent beaucoup de ce temps donné à cette préparation. Si c'est un ministère habituel, c'est normalement chaque jour que celui qui l'exerce prie pour les gens qu'il va accueillir au cours de la journée.

Une prière à ne jamais manquer, c'est celle qu'on appelle habituellement « PRIÈRE POUR LA CLÔTURE ».

C'est une prière de protection spéciale qu'on adresse à la Vierge Marie afin qu'Elle nous protège, durant ce ministère, en mettant une clôture ou une barrière de protection autour de nous. C'est le 13 janvier 1863 que la Vierge Marie dicta cette prière à une âme pieuse qui lui demandait comment L'invoquer pour être protégée des esprits mauvais. Elle reçut cette belle formule commençant par « **Auguste Reine des Cieux** ».

La voici mise en français courant :

SAINTE MARIE, MÈRE DE DIEU ET NOTRE MÈRE,

TOI QUI, DÈS LE COMMENCEMENT, AS REÇU
LE POUVOIR ET LA MISSION D'ÉCRASER LA TÊTE DE SATAN,
NOUS TE LE DEMANDONS HUMBLEMENT,
ENVOIE TES ANGES, REINE DU CIEL,
POUR QUE, SOUS TES ORDRES ET PAR TA PUISSANCE,
ILS POURSUIVENT LES DÉMONS, LES POURCHASSENT PARTOUT,
RÉPRIMENT LEUR AUDACE ET LES REFOULENT DANS L'ABÎME.
MÈRE, SOIS NOTRE ESPÉRANCE.
SAINTS ANGES ET ARCHANGES,
DÉFENDEZ-NOUS ET GARDEZ-NOUS.
SAINT MICHEL, PROTÈGE-NOUS. AMEN.

Puisque nous sommes tous pécheurs, il est important, durant ce ministère de guérison, de guider les gens sur **le** CHEMIN DU REPENTIR. Le repentir nous met sur la voie du pardon de Dieu et de la guérison spirituelle. Il est donc normal d'amener les gens au **Sacrement de la Réconciliation** et de les aider à le vivre dans la paix, la confiance et la joie de la rencontre personnelle avec Dieu qui est Père plein de tendresse et de Miséricorde.

Prière de guérison sur les blessures

Un point important pour les priants est **d'écouter Dieu**. Il est vivant, donc Il parle. Si nous n'apprenons pas à écouter Dieu, souvent nous ne saurons pas pour quelle intention précise nous devons prier.

Il faut bien sûr écouter ce que la personne a à nous dire, l'aider à faire une anamnèse, c'est-à-dire une remontée des blessures du passé, mais pendant qu'elle parle, il nous faut aussi écouter ce que Dieu est en train de nous dire, car c'est peut-être très différent de ce que cette personne croit devoir nous confier.

Prions pour avoir le **don de discernement** sans lequel nous pouvons nous fourvoyer gravement et passer à côté et de la personne et de sa situation.

C'est l'Esprit-Saint qui nous apprend à « *cibler* » notre prière pour qu'elle ne soit pas incomplète et vaine. Il s'y prend de différentes manières. Parfois c'est en nous suggérant de poser telle ou telle question, parfois c'est en « soufflant » un mot à notre oreille intérieure.

Un jour, écoutant quelqu'un qui parlait depuis quelque temps déjà et dont le monologue était assez confus, je reçus dans « le cœur » le mot « *abandon* ». Je dis à cette personne : « *Je reçois le mot abandon, cela vous dit quelque chose ?* » « Oh que oui », s'écria-t-elle. Je n'ai jamais pu m'abandonner parce que chez nous « *on a toujours tiré le diable par la queue !* » Expression populaire qui connote une certaine pauvreté engendrant l'inquiétude pour l'avenir. Et l'anamnèse fut dès lors bien orientée et la prière bien ciblée.

Il m'est arrivé également qu'écoutant une religieuse, tout en priant Dieu de m'éclairer, je « m'entendis » lui poser une question bien précise dont je fus moi-même étonné. Elle bondit et me lança, furieuse, « *ma Provinciale vous a téléphoné !* » Or c'était la première fois que je voyais cette sœur et je ne connaissais nullement sa Provinciale ! Quand je l'eus rassurée, elle comprit que c'était vraiment le Seigneur qui s'occupait d'elle et elle s'ouvrit vraiment à Sa grâce de conversion et de guérison.

Je vous livre, très simplement et très fraternellement, une prière qui, peu à peu, a pris corps au fur et à mesure de l'exercice de ce ministère de guérison. C'est vrai qu'une bonne prière doit être spontanée et guidée par l'Esprit-Saint, mais l'expérience, j'espère que ce ne sera jamais l'habitude, amène à des expressions *bibliquement et théologiquement justes*.

On pourrait donc dire par exemple :

Prière pour la guérison des blessures

SEIGNEUR JÉSUS, AU NOM DU SANG QUE TU AS VERSÉ SUR TA CROIX POUR MON FRÈRE, MA SŒUR N..., JE TE DEMANDE, MAINTENANT, DE FAIRE COULER TON SANG PRÉCIEUX SUR LES BLESSURES DE SA VIE PASSÉE ET TOUT PARTICULIÈREMENT LES BLESSURES DE SA MÉMOIRE *auditive...*

(nommer ici ce qui a pu être blessé suite aux péchés habituels confessés par le pénitent, ou ce qu'il a raconté : paroles injurieuses, paroles mensongères, etc.).

FAIS COULER TON SANG PRÉCIEUX SUR LES BLESSURES DE SA MÉMOIRE *visuelle...*

(nommer les blessures causées par la vue d'images ou situations ou visages moqueurs ou en colère qui ont profondément marqué le pénitent même à son insu, dans son inconscient).

FAIS COULER TON SANG PRÉCIEUX PARTICULIÈREMENT SUR TELLE BLESSURE...

(manque d'amour paternel ou maternel, manque de gestes de tendresse de la part du père ou de la mère, souffre-douleur dans la fratrie ou à l'école, etc, selon les confidences reçues).

BLESSURES DE SA MÉMOIRE *cénesthésique...*

(Nommer les mémoires blessées qui sont apparues lors de l'anamnèse).

GUÉRIS-LES, SEIGNEUR. REMETS-LE DEBOUT POUR QU'IL PUISSE PROCLAMER TA PUISSANCE DE GUÉRISON ET FAIRE AVANCER TON ROYAUME D'AMOUR ET DE PAIX.

MAMAN MARIE, JE TE CONFIE N..., MON FRÈRE, MA SŒUR, (TON ÉPOUSE BIEN-AIMÉE, TON PRÊTRE).

PRENDS-LE DANS TES BRAS MATERNELS ET CONDUIS-LE À TON FILS JÉSUS. ET, COMME TU L'AS FAIT À CANA, VA DIRE À JÉSUS CE DONT IL A BESOIN MAINTENANT.

SOIS LOUÉE, SOIS BÉNIE POUR TOUT CE QUE TU FAIS AUJOURD'HUI POUR TON ENFANT.

AMEN.

Prière de libération des liens ou de délivrance

Prière pour la rupture des liens

Seigneur Jésus, en ton Nom et par Maman Marie, je coupe tout lien qui a pu être tissé en mon frère, N…, à cause de ses péchés ou de ceux de sa lignée. Je coupe le lien des habitudes masturbatoires, je coupe le lien de l'alcoolisme, de la drogue, de la colère, de la rancœur, je coupe le lien de la peur, de l'angoisse, je coupe le lien de l'insomnie due à la culpabilité.

(*On peut ainsi nommer toutes sortes de liens qui sont apparus suite aux confidences reçues*).

Prière de délivrance

Seigneur Jésus, Verbe fait chair, Toi qui as été attaché à la Croix et qui es maintenant ressuscité, assis à la droite du Père : **Par Ton Saint Nom, Jésus,** devant qui tout genou fléchit au ciel, sur terre et aux enfers, exauce notre prière, nous qui croyons en Toi.

Daigne préserver ta créature N… par Ton Saint Nom, par les mérites de la Très Sainte Vierge Marie, ta Mère et la nôtre, par les prières de tous les Saints, de son Saint Patron… Préserve ton enfant de toute attaque et de tout maléfice de la part des démons et des esprits mauvais.

Esprit de haine, esprit de peur, (d'orgueil, d'insécurité, d'anxiété, d'inquiétude, de souci, de doute, de stress, de méchanceté, de fantasmes, d'oppression, de vengeance, de mensonge, de vol, de drogues, de débauche, d'adultère, de prostitution, de suicide, de conflits, de magie blanche ou noire, d'occultisme, de spiritisme, de sorcellerie, de fétichisme, de parapsychologie mensongère, de dérèglements sexuels, d'homosexualité, de confusion, de dispersion, de solitude, de non-pardon, de division, de pensées négatives, de suicide, etc...)

Esprit de maladie (nommer ce qui gêne la personne), je vous chasse de cet enfant de Dieu et je vous ordonne d'aller vous mettre au pied de la Croix de Jésus pour qu'Il dispose de vous comme Il l'entend, Lui le seul Sauveur et le seul Seigneur.

Fuyez donc et disparaissez, vous esprits mauvais, qui que vous soyez et de quelque manière que vous soyez venus, je vous conjure de quitter cette créature,

par Dieu le Père, ✠, par Dieu le Fils, ✠, et par Dieu le Saint Esprit, ✠.

JE VOUS DÉFENDS, AU NOM DE JÉSUS, de faire encore quelque mal que ce soit à cet enfant de Dieu, soit dans son corps, soit dans son psychisme, soit dans son esprit.

Si l'on vous a invoqués, de quelque manière que ce soit, magie, occultisme, divination ou maléfice, **je casse, détruis et annule** toutes choses par la puissance de Dieu le Père, par le sang de Jésus-Christ et par la bonté de l'Esprit-Saint.

N.............. je te mets maintenant *sous la protection de la Vierge Marie,* Mère de Jésus et la tienne.

Qu'Elle te protège et te garde.

Au Nom du Père et du Fils et du Saint-Esprit.

Amen.

Remarque importante à propos de ces prières

Il faut bien faire la distinction entre EXORCISME SOLENNEL, qui requiert toujours une autorisation de l'Evêque (généralement il nomme un prêtre-exorciste pour son diocèse) et l'EXORCISME PRIVÉ ou *prière de délivrance* qui peut s'exercer sans autorisation.

Cette distinction est enseignée par les théologiens les plus célèbres, comme Ballerini, Lehmkulm, Prummer, Noldin, saint Alphonse de Liguori, Tanquerey, Poulain, Merkelbach, Garrigou-Lagrange, etc.

En tant que membre du Corps mystique du Christ et de l'Église, TOUT CROYANT (donc LE LAÏC aussi !) a le pouvoir et l'autorité sur les démons par le Nom de Jésus.

La **condition fondamentale** est de **croire dans les promesses du Christ** qui a dit nettement : « *Et voici les miracles qui accompagneront ceux qui auront cru : en mon Nom, ils* CHASSERONT LES DÉMONS... » (**Mt. 16, 17**). Cette promesse du Christ ne comporte aucune ambiguïté ; dans la Foi, il faut la recevoir telle qu'elle est présentée et la mettre en pratique.

Cependant, il est bon de rappeler qu'il est *toujours dangereux* de se lancer dans un tel ministère si l'on n'a pas eu au préalable une formation adéquate sur les ruses du démon et sur les différentes infestations ou manifestations de ce dernier. L'assimilation correcte de ces notions et l'authenticité d'un don de *discernement prudent* doivent être reconnus afin d'éviter tout débordement.

C'est toujours la joie du Malin de voir soit qu'on nie son existence, soit qu'on le voit partout. L'exercice intempestif d'un ministère de délivrance n'a jamais rendu service qu'au Malin lui-même et à ses acolytes et non pas aux malheureux liés par eux !

Il est bon de rappeler aussi que ce pouvoir conféré par Jésus à TOUS LES CROYANTS (et pas seulement aux Apôtres) fut exercé dans les premiers temps de l'Église de façon courante et publique. Nombreux sont les témoignages de cette époque montrant que clercs et laïcs réussissaient à chasser les démons. Ces esprits mauvais sont des subalternes de Satan dont il est le prince. Le Judaïsme les a identifiés aux anges déchus, « esprits impurs » en rébellion contre Dieu. Satan, l'accusateur ou l'adversaire, est le chef des esprits du mal, il s'oppose à Dieu mais aussi aux hommes.

De nombreux écrits comme ceux de saint Justin (PG 6, 453 B), saint Hilaire (PL 10, 410 B), saint Cyprien (PL 6, 555) saint Athanase (PG 25, 181), saint Cyrille de Jérusalem (PG 33, 472 B), saint Jean Chrysostome (PG 50, 669), saint Ambroise (PG 11, 1425-1426) indiquent clairement que même les laïcs pratiquaient, d'une façon habituelle, l'exorcisme privé ou *prière de délivrance*, dans les premiers temps de l'Église et que cette pratique était tout-à-fait conforme à l'Évangile et à la Tradition authentique de l'Église. Il n'y a donc aucune raison pour qu'elle ne le soit plus !

Rappelons enfin qu'une formule devenue de droit public par ordre d'un Souverain Pontife ne peut être annulée par un subalterne. C'est ainsi que le « Petit exorcisme de Léon XIII », qui a donc reçu l'*Imprimatur* de Rome, peut être pratiqué pour autant que les règles de prudence et de convenance soient respectées par les croyants.

Onction d'huile bénite

L'onction d'huile bénite est un « sacramental », c'est-à-dire un signe sacré par lequel des effets surtout spirituels sont signifiés et obtenus par la prière de l'Église. Ce n'est pas un Sacrement, mais elle est instituée par l'Église en vue de la sanctification de certains ministères, de certains états de vie, de circonstances très variées de la vie chrétienne. Par la prière de l'Église, ces sacramentaux préparent à recevoir la grâce de l'Esprit-Saint et disposent à y coopérer.

1) Le chemin sacramental de l'Onction d'Huile

L'amour du Père descend jusqu'aux cellules malades de mon corps pour me régénérer, pour refaire l'enfant de Dieu, afin qu'il redevienne enfant de lumière, pour qu'il soit enfant de liberté.

Jésus, lorsqu'Il voulait nous atteindre par ses guérisons, utilisait des signes sensibles. Il n'était pas simplement là les bras croisés, les yeux fermés, en faisant une prière de guérison pour les malades qu'Il voyait. Il les touchait : pour l'aveugle, pour le sourd-muet, il est allé prendre de la boue (**Jn. 9, 60**). Jésus a dit à ses Apôtres : « *allez faire des onctions d'huile pour les guérir* » (**Mc. 6, 13**).

Pourquoi ? C'est tout simplement parce que nous sommes corps, âme et esprit. Et c'est à travers des signes sensibles que nous rejoignons la grâce invisible, parce que la grâce, elle est invisible, elle est impalpable. Mais elle nous pénètre par des signes qui sont sensibles. Par ce visible, nous entrons dans le Mystère invisible de Dieu.

Ainsi est faite notre nature humaine et c'est pourquoi il y a eu d'abord les Sacrements qui sont des signes sensibles de la grâce invisible. Quand nous célébrons l'Eucharistie, il y a du pain et du vin : c'est quelque chose de concret. Nous mangeons physiquement le Corps du Christ, on se rend compte physiquement qu'Il est là. Ainsi à travers le sensible, nous pouvons pénétrer dans la réalité invisible de Dieu.

Le Seigneur nous prend comme nous sommes : corps, âme et esprit. Et l'Église a très bien compris cela et voilà pourquoi, en plus des Sacrements, elle a institué des **sacramentaux**, c'est-à-dire des signes sensibles, comme l'eau bénite, par exemple, les cierges bénits de la Chandeleur (cette lumière visible nous transporte vers la Lumière invisible). Nous ne sommes pas des anges et nous avons besoin de choses incarnées. L'Église a institué ainsi toute une série de sacramentaux. Citons entre autres le sel bénit, les médailles bénites, les images, les icônes, les chapelets et les scapulaires.

Évitons cependant tout ce qui pourrait suggérer la magie ou la superstition : les gens sont guéris **par Jésus** à qui ils font confiance et non pas parce qu'ils chérissent une statue particulière ou portent une série de médailles bénites. Au cours des siècles nous avons été pris par un esprit de formalisme, ou bien nous faisions ces gestes machinalement (*nous nous rappelons nos signes de croix qui ressemblent le plus souvent à un chasse-mouches* !). Alors évidemment l'esprit s'en va, ou bien, tout est tombé peu à peu, dans l'oubli, même si c'est à notre disposition… et gratuitement. Le signe sans l'esprit, est mort mais l'esprit sans le signe, cela ne fonctionne pas non plus !

Le signe de l'Huile Sainte a toujours été employé par l'Église depuis des temps immémoriaux et notre Rituel a une bénédiction particulière pour cette huile. C'est donc une « affaire d'Église », et cette bénédiction est faite par le Prêtre, ministre du Christ, en lien avec l'Évêque, successeur des Apôtres. C'est là la richesse de ce sacramental.

La bénédiction sur l'huile, comprend deux parties :

La première est une sorte d'exorcisme : on veut **séparer** cette huile, créature de Dieu, de toute **influence maléfique** ; on la met comme à part : elle est sacralisée.

Dans la seconde partie de cette prière, on demande qu'à travers cette huile, l'amour de Jésus puisse passer, pour nous atteindre par la guérison intérieure, par la délivrance et par la guérison physique.

Vous voyez que cette prière rejoint deux choses : **guérison et délivrance.** C'est donc un chemin NORMAL de délivrance que TOUS LES CHRÉTIENS peuvent employer quand ils le désirent.

2) *Quelles sont les conditions pour recevoir l'Onction d'Huile bénite ?*

La première condition est **LA FOI : foi confiante et attendante dans le Seigneur Jésus.**

C'est dans notre cœur que tout se passe, ce n'est pas de la magie. Rappelons-nous bien les cris qui se trouvent dans l'Évangile : « *Seigneur, fais que je vois, fais que j'entende, fais que je marche, etc* ».

Entendons les paroles de Jésus à l'aveugle de Jéricho : « *Que veux-tu que Je fasse pour toi ?* »

Vous vous rendez compte que Jésus vous demande cela à vous, aujourd'hui ? Dites donc à Jésus, dans votre cœur, ce que vous désirez profondément. Contemplez toujours l'amour que Dieu a pour vous, pendant cette prière de guérison. Ne pas regarder l'instrument qui fait les onctions, mais regarder le Seigneur, avoir les yeux fixés sur l'Amour de Dieu qui veut agir en vous maintenant.

La seconde condition : il faut que vous soyez dans **le pardon** ! Quelqu'un qui garde en lui un ressentiment, la prière de guérison ne peut pas agir sur lui. C'est *un gros obstacle* qui empêche la grâce de passer, tandis que la décision de pardonner ouvre la porte à la grâce de la guérison.

La troisième condition : c'est évidemment **d'accepter Jésus comme Seigneur** de votre vie. Que la prière de guérison s'accompagne toujours d'un engagement d'amour vis-à-vis du Seigneur. Il n'y a pas de guérison indépendamment d'un lien d'amour avec le Seigneur. Encore une fois, ce n'est pas magique : si on n'y croit pas plus que çà et surtout s'il n'y a pas d'amour dans notre cœur, cela ne marchera pas, Dieu ne peut pas agir en nous.

Tout baptisé qui croit que Jésus l'aime, qui a décidé de pardonner et qui reconnaît Jésus comme son Sauveur PEUT **recevoir cette onction d'huile sainte.** Il n'y a pas d'autre condition.

TOUS PEUVENT *vivre ce* sacramental **s'ils remplissent ces trois conditions.** Alors, n'hésitons pas ! Ce n'est pas un Sacrement, mais ce n'en est pas moins une *prière de guérison et de délivrance efficace* faite en Église et avec des signes cautionnés par l'Église.

3) Qui peut faire ces onctions ?

TOUS LES LAÏCS peuvent utiliser cette huile d'olive bénite (ou autre huile végétale) et l'appliquer sur eux-mêmes ou sur les autres. Seule la bénédiction de l'huile doit être faite par un prêtre.

Il peut être bénéfique de oindre en tout premier lieu la partie du corps qui est malade et l'onction peut être renouvelée aussi souvent que cela semble approprié, chaque jour par exemple. Il n'est vraiment pas rare de recevoir des témoignages de guérisons diverses (douleurs du dos, insomnie, sifflements d'oreille) après des onctions de cette huile bénite. Faut-il toutefois rappeler que celui qui fait les onctions sur d'autres personnes n'est pas un « praticien » et qu'il doit donc le faire sans porter atteinte aux règles élémentaires de la décence.

Inutile de dire que l'utilisation **en public** de l'huile bénite, comme d'ailleurs tout autre chose dans le ministère de la prière pour la guérison, doit se faire avec l'accord des autorités compétentes de l'Église, au sein de chaque diocèse.

4) Prière pour disposer mon cœur aux onctions d'huile bénite

Seigneur, ouvre mes lèvres et ma bouche publiera tes louanges ! (Ps. 51, 17)

Louez sois-tu pour tous *les membres et les organes* de mon corps.

Louez sois-tu Seigneur, pour *mon cœur* qui bat sans répit depuis ma naissance et merci de m'avoir donné un cœur nouveau et un esprit nouveau.

Bénis sois-tu pour *mes yeux* qui contemplent la lumière et l'éclat de ta beauté. Ouvre mes yeux pour que je voie bien les merveilles de ta loi (Ps. 119, 18) et toutes choses comme tu les vois.

Béni sois-tu, Seigneur, pour *mes oreilles*. Ferme-les, je t'en prie, à tout ce qui ne vient pas de Toi. Ouvre mes oreilles, ô Seigneur, éveille mon oreille pour que j'écoute comme un disciple (Is. 50, 4-5a).

Seigneur, je Te consacre *ma langue*. Que tout le jour elle soit remplie de ta louange et de ta splendeur !

Que jubilent mes lèvres ! Que *ma langue*, tout le jour, murmure ta justice (Ps. 71, 23-24), qu'elle reconnaisse tes bienfaits, bénisse, encourage et exhorte, au lieu de juger et de condamner.

Seigneur, mets une garde à *ma bouche*. Veille sur la porte de mes lèvres. Empêche-moi de dire des paroles mauvaises, de commettre le mal en compagnie des méchants (Ps. 141, 3-4).

Louez sois-tu, Seigneur, pour *mes pieds* qui font de moi le messager de ta Bonne Nouvelle !

Merci, Seigneur, pour *mes mains* qui peuvent toucher les merveilles de ta création, aider ceux qui ont besoin de moi et bâtir ton royaume d'amour.

Apprends-moi, Seigneur, à donner généreusement et à me donner sans compter, sans espérer d'être payé en retour.

Gloire à Toi pour *mon cerveau* qui régit mon être et le relie à l'univers. Donne-moi la grâce de conformer mes pensées à tes pensées et de suivre fidèlement tes voies.

Conduis-moi, Seigneur, selon tes pensées sur moi et par ton chemin de vérité.

Loué sois-tu pour *ma mémoire* qui me rappelle tes bontés et le passé qui a façonné mon visage d'aujourd'hui.

Gloire à Toi, seigneur, pour la merveille que je suis (Ps. 139, 14). Tu m'as fait à ton image, ô Dieu, et je Te bénis de toutes mes forces. Moi aussi, je m'avancerai vers Toi comme un prince (Jb. 31, 37).

Je suis ton enfant ; fais-moi vivre de ta Providence, dans l'allégresse de ton pardon.

Gloire à Toi, Esprit-Saint, ma vie et mon Amour ! Tu es la source inépuisable de la tendresse de Dieu pour moi.

Esprit du Seigneur, mon conseiller, ma lumière, ma force, renouvelle ma jeunesse, maintiens la vigueur et la pureté de mon corps.

Uniquement par ta puissance en moi, Dieu vivant, à qui rien n'est impossible, je suis capable d'accomplir toute chose, de réussir ce que tu me commandes, de rejeter les suggestions de Satan, de rompre avec le mensonge et le péché.

Refais mon âme, remplis-moi de ta Sagesse ; illumine mon esprit pour qu'il Te glorifie ; éduque-moi, guide-moi, sanctifie-moi, guéris-moi à tous les niveaux de mon être.

Je veux obéir à ta Parole et vivre dans ta louange, ô mon Dieu. Que chaque souffle de mes narines, chaque battement de mes paupières, chaque son de ma bouche, chaque pensée de mon cœur Te dise :

Gloire à Toi, mon Seigneur et mon Dieu ! Merci Seigneur !

5) *Parties du corps à oindre*

Onction de l'huile sur le ***front*** *:*

Le front est le siège des pensées et de l'intelligence. Cette intelligence qui doit être nettoyée complètement pour que nous soyons plongés dans la vérité et que nous ayons des pensées vraies.

BIEN SE LAISSER FAIRE PAR LE SEIGNEUR : Lui demander que tout mensonge disparaisse de notre vie, toutes les ambiguïtés, toutes les illusions, tous les masques ; que nous soyons baignés de cette lumière de Jésus. Par ce signe concret, on demande au Seigneur que toute cette zone spécifique soit guérie.

Onction sur les ***différents sens***

LES YEUX : les Pères de l'Église ont toujours mis en avant l'existence des sens spirituels reçus au baptême. Le baptisé reçoit de nouveaux yeux, des yeux intérieurs, les yeux de la Foi.

Or, ces **yeux spirituels** que nous avons reçus viennent à se ternir dans notre vie, et il y a une espèce d'opacité sur ceux-ci. On ne voit plus très clair comme devrait voir un enfant de Dieu face aux personnes, face aux événements. Et nos yeux ont besoin d'un petit « collyre » pour les clarifier.

Alors, VOUS OFFREZ VOS YEUX SPIRITUELS au Seigneur qui viendra clarifier votre regard et vous recevrez comme une participation du regard de Jésus.

« Prends mes yeux, Seigneur ; que mes yeux soient prière, que mes yeux deviennent comme Tes yeux. »

Nous **demandons aussi la guérison** de tout ce que nous avons *photographié* par nos yeux, nos regards mauvais, nos regards impurs, pour faire place au beau regard des enfants de Dieu.

L'OUÏE, LES OREILLES : nos oreilles spirituelles sont souvent bouchées et on ne comprend plus la Parole de Dieu ; bien plus, on ne l'entend plus !

On reçoit cette onction aux oreilles pour que l'écoute de la Parole de Dieu soit meilleure.

En même temps, nous DEMANDONS LA GUÉRISON de tout ce que nous avons *entendu* de mal, par nos oreilles : paroles méchantes, médisances, etc.

LES LÈVRES : c'est-à-dire toutes les paroles inutiles qu'on dit, toutes les paroles mauvaises qu'on prononce les uns sur les autres : donc bien faire passer l'huile sainte sur vos lèvres !

Et après cette guérison intérieure donnée par le Seigneur, vous serez à même alors de pacifier les gens, de dire des paroles de paix, de pardonner, dire des choses qui éclairent, qui remettent l'enfant de Dieu debout.

LES MAINS : c'est-à-dire tous les gestes tactiles indélicats que nous devons faire purifier.

Pour les Prêtres, les Consacrés au service du Seigneur, pour que cette huile vienne purifier ces mains qui peut-être n'ont pas toujours agi comme elles auraient dû agir.

Ces mains que Dieu a données, elles sont faites pour s'ouvrir et elles sont faites pour se joindre dans la prière ; nous devons utiliser nos mains comme il faut. Que le Seigneur nous donne guérison et pardon pour tout ce qui aurait été, par nos mains, en dehors du plan et de l'harmonie de Dieu.

LE CŒUR : Centre de l'amour : après cette prière de guérison, il faut que nous aimions autrement. Recevoir l'amour des autres et donner de l'amour aux autres. Çà, c'est le centre, le cœur de la guérison : la guérison du cœur !

LA BASE DU COU : À LA NUQUE : Pour atteindre le système nerveux : « *Seigneur, que ton Amour pénètre toutes les cellules nerveuses de ton enfant* ». Ces cellules si souvent crispées qui nous empêchent de dormir et même de sourire ! Que toutes ces ramifications nerveuses soient baignées par l'amour de Dieu.

Que par toutes ces onctions, il y ait une grande mobilisation de toutes les forces constructives qui sont dans la personne pour bien la mettre debout.

Bénédiction de l'huile faite par un Prêtre

S. Notre secours est dans le Nom du Seigneur.

R. Qui a fait le ciel et la terre.

Exorcisme

Je t'exorcise, toi, huile, créature de Dieu. Par Dieu le Père Tout Puissant, qui a fait le ciel et la terre, la mer et tout ce qu'ils contiennent, que toute force de l'ennemi, que toute l'armée de Satan, que toute attaque et toute machination de Satan soient expulsées et rejetées loin de cette huile, ta créature.

Qu'elle donne guérison de l'âme et du corps à ceux qui en feront usage au Nom de Dieu, le Père Tout Puissant, au Nom de Jésus le Christ, son Fils, notre Seigneur et au Nom du Saint-Esprit l'Avocat, aussi bien que dans l'amour même de Jésus-Christ Notre Seigneur, qui viendra juger les vivants et les morts, ainsi que le monde par le feu. Amen.

S. Seigneur exauce notre prière.
T. Et que mon cri parvienne jusqu'à Toi.

S. Le Seigneur est avec vous.
R. Et avec votre esprit.

PRIONS

Seigneur, Dieu Tout Puissant devant qui se tiennent dans le respect les armées des Anges, dont l'aide spirituelle est bien connue, daigne regarder favorablement, bénir et sanctifier cette huile (✠), ta créature qui a été tirée du jus des olives. Tu l'as destinée à oindre les malades afin qu'ils se sentent bien et qu'ils puissent Te remercier, Toi le Dieu Vivant et Vrai.

Nous Te demandons que ceux qui se serviront de cette huile que nous bénissons en Ton Nom, soient délivrés de toute douleur, de toute infirmité, et de tous les pièges de l'ennemi et que soient préservés de toute adversité ces corps que Tu as rachetés par le précieux Sang de Ton Fils, de façon qu'ils ne soient plus jamais blessés par la morsure de l'antique serpent.

Par ce même Jésus-Christ Notre Seigneur, ton Fils qui vit et règne avec Toi dans l'unité du Saint-Esprit, pour les siècles des siècles.

Amen.

Eucharistie pour les Ancêtres

Cette eucharistie est dans le droit fil de ce que représente une Eucharistie dans l'Église Catholique. Une Eucharistie de ce genre n'a rien d'extraordinaire. Cependant, c'est une dimension de l'Eucharistie que nous avions un peu oubliée.

Pourquoi ce genre de célébration ? Dans l'Eucharistie, le Seigneur Lui-même est présent. Le don qu'Il a fait de Lui-même sur la Croix est présent à toutes les générations. Ainsi nous pouvons aujourd'hui nous approcher de Lui avec nos péchés, nos blessures, nos difficultés et les Lui présenter. Nous acceptons librement qu'Il puisse agir avec puissance dans nos vies : celle de nos familles, celle de nos lignées.

Il est vrai qu'à chaque Eucharistie nous prions pour les vivants et pour les défunts. Mais dans celle-ci, nous voulons remettre au Seigneur des choses que nous connaissons qui ont pesé sur notre vie, celle de nos familles, de nos générations, et de les déposer vraiment à Ses pieds et de Lui demander qu'Il vienne nous remettre debout. Il n'y a que Lui qui puisse nous guérir des blessures provoquées par nos ancêtres et nous libérer des liens dus à celles-ci.

Comme nous l'avons dit plus haut, nous commençons d'abord par décider de pardonner à nos ancêtres le mal qu'ils nous ont fait. Ainsi par la grâce du Christ, nous les délions d'ici sur terre, nous leur permettons d'être déliés aussi dans le Ciel puisqu'on est toujours lié par le mal qu'on a fait.

D'autres domaines sont touchés par ce genre d'Eucharistie.

1) Ainsi, par exemple, **tout ce qui touche le domaine de la mort :**

- dans une famille : une maman a eu une ou plusieurs fausses couches. Ce n'est pas de sa faute, mais cela a des conséquences sur les enfants en vie. C'est ainsi qu'une angoisse continuelle chez une femme adulte peut être liée à des fausses couches successives qu'avait eues sa maman avant de l'attendre et de l'accueillir.
- il y a la question de l'avortement. Le Seigneur libère ces mamans qui acceptent de célébrer l'Eucharistie en donnant un nom à cet enfant : « *Yawhé m'a appelé dès le sein maternel, dès les entrailles de ma mère, Il a prononcé mon nom* » (Is. 49, 1).
- Il y a ceux de nos ancêtres qui sont morts de mort violente ou accidentelle. Il est important que nous portions ces personnes dans la prière, que les présentions au Seigneur.

On constate aussi dans certaines familles, de génération en génération, une véritable épidémie de suicides. Il est important que le Seigneur, écoutant notre prière vienne enrayer cette épidémie.

2) Et tout ce qui touche **notre relation à Dieu**

Par exemple une famille peut être marquée par un pacte qu'un arrière grand-père avait fait dans une loge, ce qui avait bouleversé et détruit la famille.

Elle peut aussi être profondément blessée par les séquelles de pratiques occultes ou ésotériques faites par des oncles, tantes, etc.

3) Et tout ce qui touche aux **conduites mauvaises**

La drogue, l'alcoolisme, la prostitution, les déviations sexuelles, les comportements anormaux. L'idolâtrie de l'argent, les préjugés raciaux ou nationaux.

Nous portons devant le Seigneur tous ces péchés de nos ancêtres et leurs conséquences, toutes les choses négatives de la vie que nous Lui offrons pour qu'Il puisse guérir tout cela et nous libérer des liens créés par tous ces comportements déviés.

Guérison du comportement après la guérison des blessures

Après une prière de guérison et de libération faite comme décrit plus haut, la Foi me dit qu'à la racine de mon être je suis guéri. Le souvenir malheureux n'en est plus un et les blessures de ma mémoire sont guéries. Ce n'est pas pour autant que mon comportement va soudain redevenir normal.

En effet, certains réflexes ont été développés à partir de l'une ou l'autre blessure. Le souvenir a créé des habitudes souvent perverses qui ne vont pas disparaître comme par enchantement le jour où ce souvenir est guéri.

Les réflexes vont continuer à jouer et certains sentiments (peur, angoisse, panique) m'habiteront encore longtemps. Je dois donc faire UN CHOIX NEUF.

Comme je l'explique habituellement : je suis guéri, je suis libéré, (puisque toute prière pour la guérison intérieure est toujours exaucée), mais mon cerveau ne le sait pas encore ! Il faut que JE lui envoie des « contre-ordres » pour qu'il réagisse autrement, c'est-à-dire comme une cellule guérie.

La guérison réelle de la racine ne s'est pas encore manifestée au niveau des branches et des fruits c'est-à-dire au niveau de mes comportements concrets.

La guérison des mémoires s'étalera dans la durée pour assainir peu à peu, les comportements qui avaient été engendrés par les mauvais souvenirs.

Cette démarche engage concrètement ma volonté et ma liberté : c'est un choix. Jour après jour, j'aurai à lutter contre mes comportements acquis et pervers et j'aurai à adopter ceux d'un homme guéri et libéré. Par exemple si on a prié pour la guérison et la libération de mon alcoolisme, *je suis guéri et libéré*, mais j'aurai à vider toute ma maison des bouteilles qui sont cachées un peu partout dans les endroits les plus insolites. J'aurai également à changer mes itinéraires si habituellement je passais devant tel bistrot en revenant du travail.

Si je n'ose pas croire à la guérison de mes mémoires blessées, au lieu de lutter contre mes comportements acquis, je vais me laisser entraîner, à nouveau et rapidement, par mes habitudes. Mes comportements pervers de jadis vont reprendre le dessus, agir sur ma mémoire qui, peu à peu, va redevenir malade. C'est ce qui explique de nombreuses rechutes après des guérisons certaines. Les réflexes de mon corps sont tenaces : tentation de suicide, peur panique, angoisse, besoin de fuir. Il faudra beaucoup de patience envers moi-même.

Il y a donc une **convalescence** qui devra se vivre prudemment dans une communauté de vie saine où chacun aura un comportement authentiquement évangélique.

Il y a **un chemin de guérison**, on l'oublie trop souvent et donc cela va **prendre du temps.**

C'est un **enfantement à une Vie Nouvelle.** Cela va donc prendre un certain temps. Dieu, dans son immense Sagesse, ne redresse généralement pas en cinquante secondes un comportement tordu, vieux de cinquante années ! Il Lui faudra au moins cinquante semaines, si ce n'est pas pas cinquante mois ! Il est tellement délicat avec nous.

CONCLUSION

Je terminerai cet essai de synthèse en reprenant les paroles que le Père Daniel Ange a écrites pour la fête de la Toussaint (*Missel Ephata 3*).

La beauté d'un saint (santé totale) n'est pas celle d'un mannequin, mais la beauté d'un visage blessé que Jésus a pris dans ses mains saintes pour le restaurer. La sainteté, la guérison totale, **la Vie Nouvelle,** se mesurera à la vulnérabilité. Plus les blessures ont été profondes et plus on est précipité au fond du Cœur de Dieu.

Plus un être est blessé par la vie et plus il est aimé de Jésus et de sa Mère Marie.

Plus il est rejeté par les hommes et plus il est projeté en Dieu s'il accepte de Le laisser faire dans sa vie.

Jésus n'est pas venu pour les bien portants mais pour les malades. Il n'est pas venu pour les forts mais pour les faibles. Il a posé son regard plein d'Amour sur moi parce que je suis fragile.

De mes blessures, Jésus fait des sources jaillissantes de guérison, de paix et de joie pour notre humanité malade, pour notre monde désaxé. Mais *à une condition*, c'est de L'accueillir dans notre vie, de Lui permettre de donner toute sa mesure sans mettre des limites à Son Amour.

Laissons Dieu nous aimer à fond et nous serons des gens heureux parce que restaurés à tous les niveaux de notre être.

Nous serons passés de l'image à la ressemblance du Père : c'est la **guérison totale** !

TABLE DES MATIÈRES

Préface 5
Introduction 7

I
Comment sommes-nous constitués ?

Dans l'Ancien Testament 11
Dans le Nouveau Testament 20
Petite Conclusion : le Plan d'Amour de Dieu 21
– 1. Corps – 2. Âme – 3. Esprit

II
La révolte et le péché

Premier fruit 29
Deuxième fruit 29
– Désunion avec Dieu
– Désunion des humains en eux-mêmes
– Désunion des humains entre eux

III
Équilibre et interaction du corps, de l'âme et de l'esprit

Equilibre 35
Interaction 38
– Lettre de médecins chrétiens à leurs malades

IV
Les inconscients et les mémoires

Les inconscients 43
Les mémoires 45
– mémoire visuelle – mémoire auditive – mémoire olfactive – mémoire gustative – mémoire tactile – mémoire cénethésique

V
Les causes initiales, les racines

Les ancêtres 54
Les blessures prénatales 55
Les tranches de vie 58
– La petite enfance – L'enfance – L'adolescence – L'âge adulte

VI
Les Sacrements, sources de guérison

Baptême 67
– Baptême de sang – Baptême de désir – Baptême d'eau

Réconciliation ... 73
– Pardon du péché – Délivrance des liens – Guérison des blessures
Eucharistie ... 83
– La liturgie de la Parole – Jésus vivant dans l'hostie – L'adoration eucharistique
Sacrement pour les Malades ... 89

VII
Exemples bibliques de guérison intérieure

Le récit de la Visitation (Luc 2, 39-45) ... 93
"Pierre, m'aimes-tu ?" (Jn 21, 15-19) ... 95

VIII
Prières pour la guérison

Sur quoi prier ? Pour quoi prier ? ... 99
Condition préalable et indispensable ... 101
Prière préliminaire ... 103
Prière de guérison sur les blessures ... 105
Prière de libération des liens ... 108
Onction d'huile bénite ... 111
– Le chemin sacramental de l'onction d'huile – Les conditions pour la recevoir – Qui peut faire ces onctions ? – Prière pour disposer mon cœur – Parties du corps à oindre (sur le front, les yeux, les oreilles, les lèvres, les mains, le cœur, la nuque)
Bénédiction de l'huile par le prêtre ... 122
Eucharistie sur les ancêtres ... 123
Guérison du comportement ... 125

Conclusion ... 129

BIBLIOGRAPHIE

Actes du 2e Concile Vatican.

Constitution Dogmatique sur l'Église, *Lumen Gentium.*

ASTELLI-HIDALGO Nelly, *Sauver ce qui était perdu,* SAINT PAUL, 1992 ; *Le fruit de tes entrailles,* SAINT PAUL, 1993.

Barbara SHLEMON, *Vivre la guérison intérieure,* Anne Sigier, 1997.

Cardinal Godfried DANNEELS, *Le Jardin des sept sources,* Malines.

DANIEL ANGE, *Baume est ton Nom,* SAINT PAUL ; *Le Sang de l'Agneau où guérit l'univers,* DDB, 1982.

Heron BENEDICT, o.s.b., *Le défi de la prière de guérison,* Pneumatèque, 1991.

Kenneth MC ALL, Docteur, *Médecine Psychique et guérisons spirituelles,* Collection Foi et Guérison, 1989.

MONTAGUE GEORGE T., *Chevauchant le vent,* Pneumathèque, 1979.

Audio-Cassettes-Conférences

BLAQUIÈRE Georgette,
Où le péché abonde, la grâce surabonde (N° 129 B).

MATTHIEU Charles Mgr,
Aimons-nous les uns les autres en Église (N° PH 2-13).

VERLINDE Joseph-Marie,
Le mystère de la personne.

Éditions SAINT-PAUL

Collection Poche

MÉDITATION ET CONTEMPLATION

– Un frère moine (anonyme) : *Je marcherai en présence de Dieu,* 2000, 120 p. ; *Gardez vos lampes allumées,* 6e édition, 103 p. ; *Le lieu du Silence,* 105 p.

TÉMOIGNAGES – FORMATION SPIRITUELLE

– Marlise OSANNE, *Je changerai ton deuil en allégresse* (témoignage d'une veuve), 3e édition, 90 p. ; Christiane GLEIZE, *Vers l'autre rive,* Une femme contre le cancer, 173 p. ; DANIEL-ANGE, *Les Saints de l'An 2000,* nouvelle édition actualisée, 1995 (25e mille), 208 p.

– Georges HUBER, *Mon ange marchera devant toi,* 9e édition, 163 p. ; Philippe ROLLAND, *Sois le berger de mes brebis* (l'identité du prêtre), 144 p. ; Cardinal MARTINI, *La Femme de la Réconciliation,* 88 p. ; Jean GALOT, *Père qui es-Tu ?* 176 p. ; H. U. von BALTHASAR, *Le Cœur du monde,* 256 p. ; Jean PLIYA, *Soyez toujours joyeux !* 2e édition, 208 p.

GUÉRISON

– Nelly ASTELLI-HIDALGO, *Sauver ce qui était perdu* (entretien avec le Père SMETS), 7e édition, 30e mille, 154 p. ; *La Guérison des blessures reçues dans le sein maternel* (le Fruit de tes entrailles), 2e édition, 174 p.

– *Des ténèbres à la Lumière,* Osez prier pour la délivrance, Jean PLIYA, 2002, 372 p.

Éditions SAINT-PAUL

COLLECTION SPIRITUALITÉ CONTEMPORAINE

L'Icône du Christ miséricordieux, Message de Sœur FAUSTINE, Maria WINOSWKA, 1973, 11e édition, 280 p.

La Grâce d'être femme, Georgette BLAQUIÈRE, 1982, 13e édition, 208 p.

Du Scandale du mal à la rencontre de Dieu, Marie-Joseph Le GUILLOU o. p., 1991, 3e édition, 204 p.

L'Oraison du Cœur, Daniel MAURIN, 1993, 5e édition, 294 p.

...Des miettes pour tous, Thomas PHILIPPE o. p., 1994, 2e édition, 224 p.

Qui comprendra le Cœur de Dieu ? Marie-Dominique MOLINIÉ, o. p., 1994, 2e édition, 184 p.

Regard sur le Purgatoire, Préface de Mgr Henri BRINCARD, 1994, 3e édition, 170 p.

La montée au Sinaï, Raniero CANTALAMESSA, 1996, 216 p.

Joseph, Marie, Jésus, Lucien DEISS, 1997, 160 p.

Christ des Béatitudes, Mgr Albert ROUET, 1996, 216 p. ; *Le Christ nous fait chrétiens,* 1998, 280 p. ; *Trois vertus pour exister,* 2000, 264 p.

L'Acte d'Offrande, Retraite avec Ste Thérèse de Lisieux, Père M.-D. PHILIPPE, 1997, 228 p.

Le Mystère de Joseph, Père M.-D. PHILIPPE, 1996, 2e édition, 228 p.

L'Expérience interdite, De l'ashram au monastère, Père J. VERLINDE, 1998, 3e édition, 280 p. ; *Quand le voile se déchire,* Le défi de l'ésotérisme au christianisme, 2000, 324 p.

Achevé d'imprimer en octobre 2002 sur les presses de Saint-Paul Imprimeur, 55000 Bar le Duc
Dépôt initial : septembre 1998. Dépôt légal : octobre 2002 – N° 10-02-1314